Hans-Uwe L. Köhler

Musashi
für Manager

ECON Verlag

Düsseldorf · Wien · New York

Die Abbildungen auf den Seiten 32, 49, 50, 127 und 163 stammen von der Agentur Sven Simon.

2. Auflage 1987
Copyright © 1986 by Econ Verlag GmbH, Düsseldorf, Wien, New York
Alle Rechte der Verbreitung, auch durch Film, Funk und Fernsehen, fotomechanische Wiedergabe, Tonträger jeder Art, auszugsweisen Nachdruck oder Einspeicherung und Rückgewinnung in Datenverarbeitungsanlagen aller Art, sind vorbehalten.
Gesetzt aus der Trump Mediaeval der Fa. Berthold
Satz: Dörlemann-Satz, Lemförde
Papier: Papierfabrik Schleipen GmbH, Bad Dürkheim
Druck und Bindearbeiten: Ebner Ulm
Printed in Germany
ISBN 3 430 15543 6

Inhalt

»Rei!«

Warum gerade Musashi?

Im Oktober 1983 hielt ich das »Buch der fünf Ringe« von Miyamoto Musashi zum ersten Mal in der Hand. Durch Vorberichte war ich neugierig genug und sehr gespannt. Noch an diesem Nachmittag las ich das Buch einmal durch.

In mir machte sich eine wohlige Begeisterung breit, denn ich hatte ein Gefühl des Wissens um diese Dinge, die Musashi beschrieb. Ich war sicher, auf eine großartige Ideen- und Erfahrungsquelle gestoßen zu sein. Und vielleicht hast Du ja auch eine ähnliche Faszination beim ersten Lesen des »Buchs der fünf Ringe« erfahren.

Wenn ein Buch mit dem Hinweis angeboten wird: Eine perfekte Anleitung für das strategische Management; wenn ein Klappentext in der Aussage gipfelt: Das Buch der fünf Ringe kann auch Ihr Leben verändern! – dann mischen sich neben Skepsis auch Neugierde und Interesse. Insbesondere deswegen, weil es zur natürlichen Aufgabe eines Management-Trainers und -Beraters gehört, sich ständig über alle Entwicklungen auf dem Gebiet des Managements und seiner Trainingsformen zu informieren.

Es ist tägliche Arbeit, nach Erfahrungswerten, nach Meinungen, nach Ideen zu suchen, um vorhandene Methoden und Ansichten zu überprüfen und gegebenenfalls zu ergänzen oder auszutauschen. Es ist ja keineswegs so, daß immer etwas völlig Neues oder gar Geniales geschaffen wird. Häufig genug entsteht ein gutes Buch zum Thema Management allein durch eine bessere Zugänglichkeit zum Thema,

7

zur Aussage. Ein Beispiel: Der Umgang mit Mitarbeitern läßt sich in der kürzesten Empfehlung auf folgenden Satz reduzieren: »So wie du in den Wald rufst, so schallt es heraus!« Diese Aussage ist haltbar und in sich stimmig, doch reicht sie nicht aus, um anderen Menschen zu einem gesicherten Verhalten im Umgang mit Mitarbeitern zu verhelfen. Es muß also der ganze Prozeß, der mit dieser alten Bauernregel verbunden ist, deutlich und durchsehbar gemacht werden. Vor allem muß die Aussage erlernbar und auf die Arbeitsbedingungen übertragbar gemacht werden.

Es ist ja überall immer derselbe Prozeß: zunächst Vision, dann Kenntnis, später Erkenntnis, daraus erlernbares Verhalten und letztlich gesichertes Verhalten unter allen nur denkbaren Bedingungen. Das Ergebnis dieses Prozesses ist immer Selbstsicherheit.

Es gibt das Bedürfnis, bei Themen rund um das Management nach Positionen wie richtig oder falsch zu fragen oder solche absoluten Aussagen zu fordern. Doch es ist für jedermann zu beobachten, daß es für viele Situationen im Leben eines Managers eine Vielzahl möglicher Handlungsweisen gibt, die unter bestimmten Bedingungen richtig und unter anderen Bedingungen falsch sein können.

In diesem Buch werden Widersprüche zu entdecken sein. Einmal heißt es: »Handle so!« An anderer Stelle heißt es zur selben Sache: »Handle anders!« Das sind nur oberflächlich Widersprüche oder Paradoxien. Daß es auf einem Klavier Tasten für tiefe *und* hohe Töne gibt, ist kein Widerspruch in sich, sondern Voraussetzung, virtuos zu spielen – je nach Situation.

Es ist also notwendig, den eigenen Blick zu schulen, um die Bedeutung einer jeweiligen Situation zu erkennen, weil davon die Wahl des Verhaltens abhängig ist. Je dramatischer eine Situation ist, je existenzbedrohender eine gegnerische Handlung ist, um so überlebenswichtiger ist die richtige und schnelle, nicht durch Panik getrübte Einschätzung einer Situation.

Um strategisches Denken für das Management nutzbar zu machen, sind in der Vergangenheit schon Anstrengungen gemacht worden; so wurden zum Beispiel Clausewitz und Machiavelli für das Management interpretiert.

Clausewitz, Machiavelli und Musashi haben eine Gemeinsamkeit: Sie beschreiben das Leben aus einer Perspektive, die von Kampf und Überleben geprägt ist, von Sieg und Niederlage, von Stärke und Schwäche. Im Zeichen allgemeiner Sattheit, im Zeichen des Überflusses fallen Fakten wie Stärke und Schwäche nicht auf, stellt sich die Herausforderung des Überlebens nicht so vordergründig. Doch Zeiten ändern sich bekanntlich sehr schnell!

Typische Tierfilme, per Fernsehen ins Wohnzimmer transportiert, zeigen schöne Bilder großer Zufriedenheit und sympathischer Harmonie. So dokumentieren beeindruckende Aufnahmen oftmals, in welch friedlicher Gemeinsamkeit Tiere leben können. Doch nur wenige Augenblicke später hat sich die Szene geändert – dann schlägt eben der Löwe das Zebra. Für den Fall, daß dann das Harmoniebedürfnis des Betrachters ein wenig »gestört« ist, hilft man sich mit dem Hinweis: Das ist halt die Natur!

Nach Zeiten des Wachstums kommt ein Wirtschaftszweig, eine Branche oder sogar eine ganze Volkswirtschaft in den Bereich der Sättigung. Aus der Zeit gemeinsamen Äsens auf den Grünflächen des Marktes wird jetzt der tödliche Kampf ums Überleben! Und in diesem Punkt sind Clausewitz, Machiavelli und auch Musashi ehrlicher als viele andere. Sie sehen diesen Tatbestand, sie beschreiben, interpretieren ihn, und sie geben darüber hinaus auch noch sehr genaue Anweisungen, was zum Überleben, zum Siegen notwendig ist bzw. wie der Verlust verhindert werden kann.

Leben und Wirtschaft tragen als notwendige Bestandteile in ihren Strukturen auch Elemente des Kampfes. Und Kampf bedeutet ja zunächst durchsetzen von Stärken zu Lasten von Schwächen. Stärken können in vielen Bereichen liegen, zum Beispiel in der überschaubaren Größe einer Organisation oder in der Form der Anpassung an sich verändernde Verhältnisse. Die eigene Stärke geht immer zu Lasten der Schwäche anderer, und allein dadurch ist schon der Sieg möglich.

Das ist die Gleichheit der Gedanken von Clausewitz, Machiavelli und Musashi. Jetzt zum Unterschied: Clausewitz und Machiavelli beschreiben ihre Beobachtungen aus intellektueller Sicht, Musashi hingegen baut den intellektuellen Aspekt auf dem körperlichen Erfahrungswert auf.

Dadurch kommt es zu einer Besonderheit: Geistige Bedrohung und körperliche Bedrohung gehören genauso zusammen, wie geistiger Sieg den körperlichen Sieg notwendig macht. Jeweils ein Teil

9

allein ist wirkungslos. Der körperliche Sieg ist nur möglich, wenn der Gegner auch im Geist besiegt wurde. Der physischen Vernichtung eines Gegners geht dessen psychische Niederlage voraus. Ich vollziehe also mit dem Schwert nur das, was ich vorher bereits durch meine Gedanken, meine Selbstüberzeugung erreicht habe.

Umgekehrt ist es genauso: Meine geistigen Anstrengungen, mich mit meinen Gedanken durchzusetzen (mit meinen »tollen« Ideen!), müssen wirkungslos bleiben, wenn ich nicht bereit, nicht fähig bin, mich bei einer geforderten körperlichen Auseinandersetzung auch durchzusetzen. Mit »körperlicher Auseinandersetzung« kann hier durchaus Werbeetat, Filiale oder neues Produkt gemeint sein.

Im Weg des Schwertes wird eine Verbindung zwischen geistigem und körperlichem Wollen hergestellt: Wenn der Geist den Körper prägen kann, dann muß umgekehrt körperliche Erfahrung zu Geistesbildung führen. Es fällt auf, daß überall da, wo es um hohe geistige Herausforderungen geht, ein besonderes Gewicht dem körperlichen Einsatz gewidmet wird. So ist jede Form der Meditation unter Ausschluß des Körpers wohl nicht möglich. Mit dem Körper kann also gelernt und erfahren werden.

Es gibt in der deutschen Sprache einen sicheren Hinweis auf diese Tatsache, den Vorwurf »Kannst Du das nicht begreifen?!« oder »Begreif das doch endlich!« Das ist eine klare Aussage, die in sich keine Alternative trägt. Und obwohl damit vielleicht die mathematischen Fähigkeiten eines Menschen »angefeuert« werden sollen, wird von »begreifen« gesprochen, nicht von »bedenken«, obwohl »bedenken« in vielen Fällen der Sache näher käme. Wenn man jemanden bittet oder auffordert, einen Sachverhalt zu »bedenken«, dann wird damit auch deutlich gemacht, daß man die Entscheidung, die Wahl zwischen mindestens zwei Möglichkeiten, dem anderen überläßt, weil er ja »reif« ist. Schließlich soll er etwas »bedenken«!

Junge Menschen erfahren und entdecken diese Welt durch Begreifen, und das in vielfältigster Form. Warum sollen Erwachsene Zusammenhänge nicht ebenfalls durch Begreifen lernen können, ja vielleicht sogar dadurch viel leichter oder intensiver erlernen und erfahren können? Und warum soll es nicht möglich sein, Anweisungen für das strategische Management körperhaft zu vermitteln und zu lernen?

Diese Besonderheit in den Aussagen Musashis, das körperliche

Lernen und Prägen, ist mir durch einen Zufall deutlich geworden: Beim Studieren seiner Empfehlungen habe ich mir bereits beim ersten Lesen dadurch geholfen, daß ich ein sehr langes Lineal auf meinem Schreibtisch zum »Schwert« umfunktionierte und damit begann, mir den Sinn »körperhaft« zugänglich zu machen.

Je intensiver ich mich mit Musashi befaßte, um so deutlicher wurde, daß der Weg des Schwertes nicht allein über den Kopf zu verstehen sein würde, sondern daß dieser Weg durch »Empfinden« erfahren werden will.

Auch wenn natürlich dieses Buch helfen wird, Musashi zu verstehen, weil *Musashi für Manager* eine »Übersetzung mit praktischen Interpretationen« ist, so muß jetzt aber auch die Empfehlung kommen, immer wieder ein »Schwert« in die Hand zu nehmen, immer wieder zu üben! Die beste Empfehlung kann natürlich nur sein, in ein Dojô zu gehen und sich mit dem Kendô, der japanischen Schwertkampftechnik, vertraut zu machen.*

An dieser Stelle sind zwei Hinweise erlaubt: Originaltexte von Musashi sind immer kursiv gesetzt, um sie deutlich von den Aussagen des Verfassers abzuheben. Und: Das Buch ist in der Du-Form geschrieben. Ich wähle diese Form, um in der Tradition und im Stil von Musashi schreiben zu können.

---

* Anschriften von Einrichtungen, in denen Kendô erlernt werden kann, gibt es beim Deutschen Judo-Bund, Sektion Kendô, Postfach 1749, 6500 Mainz 1.

Kendô und Manager

Zum Verständnis dieses Buches ist es hilfreich zu wissen, vor welchem Hintergrund Musashi seine Gedanken niederschrieb.

Im Japan des Miyamoto Musashi war die Gesellschaftsstruktur durch vier Stände in einem hierarchischen Aufbau geordnet und geprägt.

An der geringsten Stelle der gesellschaftlichen Achtung ist der Stand der Kaufleute zu finden, wie reich der einzelne auch immer sein mochte. Die Ethik der Kaufleute besagte, das Vertrauen eines Kunden gewinnen, um ihm dann Qualität zu verkaufen, mit dem Ziel, aus dem Handel Profit zu schöpfen. Betrug am Kunden und bei Verhandlungen war ausgeschlossen.

An dritter Stelle der Vier-Stände-Hierarchie standen die Meister-Handwerker. Sie stellten der Ethik der Samurai und dem Reichtum der Kaufleute den Stolz der Meisterschaft *Meijin* ihres Fachs gegenüber. Zu ihrer Moral gehörten Fairneß, Hilfsbereitschaft, Großzügigkeit und Gastfreundschaft. Interessant ist die Beobachtung, daß sich viele Samurai neben der Schwertkunst ausgiebig einer oder mehrerer Handwerkskünste widmeten und es dort zu großen Leistungen brachten – so auch Musashi.

Über den Handwerkern standen die Bauern. Sie genossen zwar hohes gesellschaftliches Ansehen, wurden jedoch ausgebeutet, da sich der Reichtum der Fürstenhäuser auf der Reisernte begründete. Das Wirtschaftssystem zwang die Bauern – unter Wahrung des äußeren

13

Anscheins von Gehorsam –, den eigenen Vorteil wahrzunehmen. Die Tugend der »japanischen Bauernschläue« bestand darin, die eigene Absicht hinter erwarteter äußerer Haltung zu verbergen. Die Ethik des Bauern gilt wohl auch heute noch als die Haltung der Arbeitnehmer. Offensichtlich führt das bei vielen japanischen Managern zu Unsicherheiten hinsichtlich der Loyalität ihrer eigenen Mitarbeiter.

An erster Stelle in dieser Struktur standen die Samurai. Daß diesen Kriegern ein so hohes Maß an Achtung und Wertschätzung entgegengebracht wurde, lag wohl besonders an der von den Samurai gelebten Ethik. Sie waren aufrichtig, waren bereit, sich zu opfern, um ihrer jeweiligen Partei, ihrem jeweiligen Fürstenhaus zum Sieg zu verhelfen. Der Samurai fürchtete sich nicht vor dem Sterben. Er war immer bereit, körperlich und geistig, sein Leben der Loyalität zu opfern. Das gipfelte in dem Prinzip: Vor die Wahl gestellt, zwischen Leben und Tod zu entscheiden, hat der Samurai immer den Tod zu wählen!

Die meisten Samurai waren bei einem Fürstenhaus fest angestellt, teilweise sogar in Erbfolge. Es gab aber auch *Rônin*, die Wander-Samurai, die nicht einem Fürstenhaus verpflichtet waren, sondern nach »Aufgaben« suchend, umherzogen. Zu ihnen gehörte Miyamoto Musashi. Diese Ungebundenheit ist wohl mit ein Grund dafür, daß bei Musashi der Begriff der Loyalität im Grunde nicht vorkommt, allenfalls in der Bedeutung der Selbstverpflichtung einer Sache gegenüber.

Es ist sehr wahrscheinlich, daß uns heute in einem japanischen Manager alle vier Stände mit ihren Elementen begegnen. Daß sich aus der Nützlichkeit der ethischen Grundsätze der jeweiligen Stände die Einstellung des Samurai heraushebt und dominiert, ist keineswegs eine rein japanische Angelegenheit. Können nicht auch in einem Manager westlicher Prägung die verschiedenen Elemente als Tugend vorhanden sein? Sind dem europäischen Manager denn Loyalität und Selbstverpflichtung, Ehrlichkeit und Streben nach Meisterschaft, Fairneß und Hilfsbereitschaft so wesensfremd?

Ich gebe gerne zu, daß ich den selbständigen Unternehmer idealisiere. Und ich gestehe gerne ein, daß ich Menschen auch danach befrage, ob sie Unternehmer oder Unterlasser sind! Um im Bild zu bleiben, vergleiche ich den angestellten Manager mit dem Samurai und den selbständigen Unternehmer mit dem *Rônin*. Es verdient

14

derjenige die besondere Hochachtung, der zunächst die Selbstverantwortung als erste Aufgabe übernimmt, um dann, bei entsprechender Fähigkeit und Ausbildung, auch die Verantwortung mit anderen und für andere zu tragen.

So wie der Samurai, ob als Soldat, Beamter, Schwertkampflehrer oder *Rônin*, in seiner Lebensweise einen »Weg« sieht, so kann auch der Manager, als weltweiter Sammelbegriff für Unternehmertum, in seiner Lebensweise ebenfalls einen »Weg« finden, sehen und gehen. Einen Weg gehen heißt, Lebenszeit zu nutzen, um sich selber zu vervollkommnen, und heißt nicht, nach »Vollkommenheit« zu streben. So ein Vorhaben wäre Blasphemie und absolute Selbstüberschätzung!

Einen Weg gehen heißt, zeitlebens Übender zu bleiben, ja eigentlich sogar, Übender bleiben zu müssen. Wobei dieses »müssen« deutlich macht, daß selbst größte Meisterschaft, tiefste Durchdringung und höchste kosmische Verbundenheit nicht darüber hinwegtäuschen dürfen, daß das »Alles-Wissen« wohl als Ziel anzustreben ist, ein Erreichen aber unrealistisch bleiben muß.

Ein Mensch kann viele Wege gehen, um sich zu vervollkommnen. Häufig haben sich »Wege« als Künste gefestigt, wie *Kadô*, der Blumenweg, auch als Ikebana bekannt, wie *Chadô*, der Teeweg, *Kyudô*, das Zen-Bogenschießen, oder eben *Kendô*, der Weg des Schwertes. Aber auch in vielen Berufen kann ein »Weg« gegangen werden, wenn der Versuch unternommen wird, in der Tätigkeit einen übergreifenden kosmischen Zusammenhang zu sehen, die hilft, die Vervollkommnung zu entwickeln.

Wer den Weg des Schwertes geht, also Kendô, muß lernen und üben, das Ich oder das Selbst zu überwinden, körperliche und geistige Pein zu ertragen, um im Augenblick der Gefahr ruhig und gelassen zu sein. Somit wird auch deutlich, worin der Unterschied zwischen dem Weg des Kriegers und anderen Wegen liegt: Er liegt im Umgang mit dem Tod! Der Tod ist in diesem Zusammenhang als größte denkbare und ja auch erlebbare Bedrohung zu verstehen und reduziert sich keineswegs allein auf das physische Empfinden.

Wenn nun der Weg des Schwertes als härteste Schule zu verstehen ist, dann werden sich wohl aus dieser »Schule« Persönlichkeiten entwickeln können, die in extremsten Situationen noch Gelassenheit zeigen und deren Blick und Urteilskraft sich nicht verschlechtern, selbst wenn die Situation bedrohliche, gar existenzbedrohende Formen annimmt.

Dieser mühevolle Weg, mit dem beachtlichen Ergebnis geistiger und körperlicher Erziehung, hilft mit zu verstehen, warum die Samurai einen so hohen Stellenwert im Respekt und in der Wertschätzung einer Gesellschaft erlangt haben.

Nicht ohne Grund haben die Amerikaner nach dem Zweiten Weltkrieg Kendô an japanischen Schulen verboten. Und nicht ohne denselben Grund ist heute bei der japanischen Polizei und an japanischen Elite-Universitäten Kendô wieder Lehrfach.

So spannt sich der Bogen dann zum Manager: Die Aufgabe des Managers stellt außergewöhnliche Forderungen an jeden, der diesen »Weg« geht. Im »Buch des Windes« will ich besonders auf diesen Punkt eingehen. Wichtig erscheint mir an dieser Stelle noch die Erklärung eines Standpunktes: Beide, Samurai und Manager, gehören in ihrem jeweiligen System zur Elite, übernehmen Aufgaben mit höchsten Anforderungen und qualifizieren sich über außergewöhnliche Fähigkeiten. Die Art und Fülle der Aufgaben, denen sich ein Manager stellt, tragen in sich aber durchaus auch existenzbedrohende Elemente – angefangen vom »Aus« der persönlichen Karriere durch Kündigung bis hin zum Konkurs des eigenen Unternehmens, was ja in jedem Fall Ausdruck des Versagens des Managements ist!

Vor diesem Hintergrund ist es einsichtig, warum Manager lernen müssen, in extremen Situationen, den Samurai gleich, sich mit Gelassenheit einer Situation stellen zu können. Das setzt eine hohe Ethik als feste Orientierung und ein ständiges Üben als »Fortschritt auf einem Weg« voraus.

Darum sind die Gedanken des Miyamoto Musashi »eine perfekte Anleitung für das strategische Management« – und darum wurde als weiterführende, verdeutlichende Interpretation *Musashi für Manager* geschrieben.

Von den Japanern lernen?

Wenn man ein Buch auf den gedanklichen Grundlagen eines japanischen Samurai schreibt, die für europäisches Management nutzbar gemacht werden sollen, dann kommt automatisch auch der Gedanke, zusätzlich einige Bemerkungen über die japanische Wirtschaft zu formulieren.

Beim Umgang mit Gedanken zur japanischen Wirtschaft besteht die große Gefahr, daß es zu einer ungerechtfertigten Mystifizierung kommt. Daraus entwickeln sich dann entweder Begeisterung für das japanische Wirtschaftssystem, das in sich selber scheinbar alles erklärt, oder radikale Ablehnung im doppelten Sinne: Die sind so anders, von denen kann man nichts lernen, ob ihrer »Andersartigkeit« sollten wir auch besser nichts von den Japanern lernen.

Die Schwierigkeit, sich mit der japanischen Wirtschaft auseinanderzusetzen, hat einen einfachen Grund: Der Beobachter ist sich nicht sicher, was auf eindeutige Wirtschaftsfaktoren, was auf eindeutige philosophische Aspekte zurückzuführen und was eine Mischung von beidem ist. Ich bin sicher, auf den nächsten Seiten Dir einige nützliche Aspekte vermitteln zu können.

Bei der folgenden Betrachtung geht es mir nicht darum, herauszuarbeiten, was in Japan geht und was bei uns nicht geht. Es geht allein um die Frage: Welchen Nutzen kannst *Du* daraus ziehen?

Ich werde nur einige Facetten Japans vorstellen. Die Schwierigkeiten, in einer anderen Kultur aufzugehen und sie wahrhaftig zu verstehen, hat der Anthropologe Carlos Castaneda ausführlich in seinen Büchern beschrieben. Nach Castaneda kann man eine Kultur nur dann wirklich verstehen, wenn man Bestandteil der Kultur wird. In allen anderen Fällen bleibt man eben nur Betrachter.

Dir, dem Leser, will ich daher nicht mit einem falschen Anspruch begegnen: Ich bin kein Japan-Kenner! Ich kann nicht behaupten, Japan oder Japaner genau zu verstehen, könnte auch nicht die Frage umfassend beantworten: Was sind die Japaner, was ist Japan? Ich habe ganze zwei Reisen nach Japan unternommen, einige Bücher und Aufsätze gelesen, Vorträge gehört und mit Menschen gesprochen. Allein was dieses Buch und Musashi und das Management betrifft, da habe ich das Schwert in die Hand genommen, bin Teil des Schwertes geworden. Doch auch hier gilt: Wenn der Weg tausend Meilen lang ist, dann habe ich erst den ersten Schritt getan.

Zum Verständnis japanischer Wirtschaft hat mir ein Vortrag von Prof. Dr. Helmut Erlinghagen sehr geholfen. Erlinghagen lebte und lehrte über dreißig Jahre in Japan und arbeitet heute in Mainz. In einem Vortrag stellte er sein philosophisches Erklärungsmodell vor, das auf den vier Pfeilern von Shintoismus, Buddhismus, Konfuzianismus und Pragmatismus aufbaut. Ich werde hier kurz auf diese vier Pfeiler eingehen.

Sich selber verehren

Das Selbstverständnis Japans baut auf den Grundfesten einer Naturreligion auf. Im Shintoismus werden Pflanzen, Bäume, Flüsse, Berge und auch die Ahnen verehrt. Zwar erfahren nicht alle Pflanzen, Bäume und Berge diese Verehrung, aber es existiert doch ein umfassendes komplexes System der Verehrungsobjekte. Aus dieser Verehrung erwächst die japanische Selbstverehrung!

Sich selber verehren, auch sich selber zu genügen, hat sowohl etwas mit der »Insel Japan« als auch mit der japanischen Entstehungsgeschichte zu tun. Sieht man einmal von den Expansionsgelüsten der jüngsten Geschichte ab, in der riesige Gebiete Südostasiens von Japan besetzt waren, so hatte Japan über viele Jahrhunderte hinweg keinerlei Fremdkontakt. Das war auch »notwendig«, um zu einer eigenen Iden-

18

tität zu gelangen, sich also von den chinesischen und koreanischen Ursprüngen zu lösen.

Der Shintoismus ist nicht nur japanische Staatsreligion, in ihm ist auch *die* zentrale Klammer Japans zu finden: So ist die Sonnengöttin Amaterasu die Urahnin des Tenno, des japanischen Kaisers, und da alle Japaner letztlich aus dieser Sonnenquelle stammen, fühlt sich jeder von ihnen mit allen Ahnen und allen Japanern, bis hin zum Tenno, in gewisser Weise verbunden. So liegt in der Rolle des Tenno etwas, das als Verbindungselement für diesen Staat weit über unser Verständnis hinausgeht.

Das »Sich-selbst-Ehren« im Shintoismus hat u. a. eine ganz praktische Konsequenz für den Japaner hinsichtlich des internationalen Handels: Aus seiner Sicht und seinem Selbstverständnis betreibt er keinen Protektionismus, wenn er seinen eigenen Markt gegen Ausländer abschottet. Er blockt nicht ab, sondern fördert Japan – und das ist etwas Gutes!

Nicht festhalten, sondern »pflegen«!

Im Buddhismus liegen andere Elemente, die nützlich sind, um Japan zu betrachten. Im Buddhismus wird die Vergänglichkeit alles Irdischen ausgelebt. Und aus dieser Vergänglichkeit erwachsen gleichzeitig das große Interesse an allem Neuen bei den Japanern, ihre große Bereitschaft zur ständigen Innovation und ihre »Hemmungslosigkeit«, auf Altes, Verbrauchtes zu verzichten. Neben Naturgewalten könnte das mit ein Grund sein, warum es in Japan kaum alte Bausubstanz gibt. Es lohnt sich nicht, Altes aufzuheben. Die Verehrung des Alten findet im privaten und geistigen Bereich statt.

Im Buddhismus ist außerdem ein Element enthalten, das den Umgang mit Mitarbeitern verdeutlichen könnte. Das Ziel der Vervollkommnung ist nur dann sinnvoll oder erstrebenswert, wenn dieser Weg nicht allein gegangen wird, sondern wenn die anderen Mitglieder der Gemeinschaft ebenfalls mitgehen können! Weil es also sinnlos ist, in der Glückseligkeit allein anzukommen, dreht man lieber kurz vor Erreichen um, um die anderen mitzuziehen. Aus diesem Aspekt mögen sich wohl entscheidend das Harmoniebedürfnis, die Fähigkeit

19

und Bereitschaft zum Gruppenkonsens und die dazu notwendige Kommunikationsbereitschaft ableiten.

Diese Kommunikationsbereitschaft ist wichtig, um japanische Meinungsbildung in einem Unternehmen zu verstehen. Betrachte bitte zunächst einmal die nachstehende Grafik.

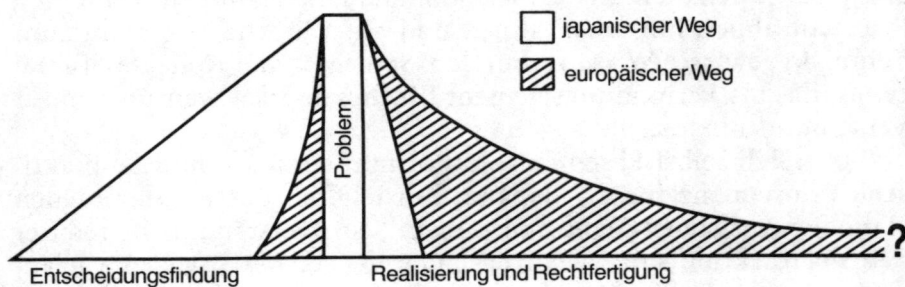

In der Mitte steht eine Aufgabe, ein zu lösendes Problem. Jetzt gibt es zwei Möglichkeiten, um mit dieser Aufgabe fertig zu werden. Zunächst der »europäische Weg«: Das Problem wird gesehen und sehr schnell analysiert; es wird wenig Zeit für die Problemlösung benötigt. Damit wenig Zeit verbraucht wird, sind an der Diskussion und der Entscheidung nur wenige Menschen beteiligt – und häufig genug nicht diejenigen, die das Problem betrifft oder die gar für die Realisierung sorgen sollen. Darum kommt es jetzt, nach der Entscheidung, zur eigentlichen Arbeit. Es müssen Rechtfertigungsdiskussionen, Appelle und Schlichtungsgespräche geführt werden; die ganze Geschichte wird jetzt »verkauft«. Es werden Widerstände deutlich, Schwierigkeiten zeichnen sich ab, Rückzugsgefechte werden eingeleitet, Torpedierungsversuche sind zu beobachten usw. – bis es entweder zu Modifizierungen oder Entlassungen kommt. Das heißt, der ganze Prozeß ist im ungünstigsten Fall auch noch zeitlich offen, es ist nicht gesichert, wann das Problem gelöst oder das Projekt abgeschlossen sein wird. Daher steht am rechten Bildrand das Fragezeichen. Die Nacharbeit ist also viel länger und ungewisser als die vorbereitende Diskussion.

Anders in japanischen Firmen. Ausnahmslos muß jeder Gedanke ausführlich diskutiert werden. Kein Manager kann es sich leisten, auch nur den kleinsten Anstoß, der eine Entwicklungschance enthält,

20

abzuwürgen und nicht weiterzutragen. Nachdem also ein Gedanke durch die gesamte Struktur einer Organisation getragen und diskutiert wurde, mit anderen Elementen verglichen und verknüpft, kann nun eine Entscheidung getroffen werden. Da alle Beteiligten an der Diskussion teilgenommen haben, ist für die Realisierung einer Lösung wesentlich weniger Zeit und Energie notwendig.

Nun mag der Einwand kommen: Soviel Zeit haben wir nicht, wir können doch keinen Diskutierklub einrichten! Dieser Einwand ist dumm: Man hat wohl die riesigen Zeitmengen, um eine Sache zu »retten«, zu rechtfertigen, wieder hinzubiegen, aber nicht die Zeit, ordentlich und gelassen vorneweg zu diskutieren. Gerade bei diesem Punkt gilt der Geld/Zeit-Grundsatz des Günter F. Gross: Wer Geld verdienen will, muß Geld investieren – wer Zeit gewinnen will, muß Zeit investieren!

Zum anderen ist es unwahrscheinlich, daß in der Kommunikation erfahrene Menschen diesen Vorwurf erheben werden. Nur verängstigte, in starren Strukturen hängende Manager, deren ganze Reputation von ein bißchen Macht abhängt, haben Angst vor Diskussionen. Allein die Form des Miteinander-Redens und -Umgehens entscheidet doch über die Entscheidungsfähigkeit einer Organisation!

Bildung ist jenseits aller Standesunterschiede

Im Konfuzianismus liegt wahrscheinlich die Wurzel des Ehrgeizes der Japaner. Konfuzius stellte eine wesentliche Behauptung auf: Die Gesellschaft soll durch gescheite und gebildete Leute regiert werden. Nicht mehr Stand, Macht, Geld oder Erbfolge dürfen darüber entscheiden, in welche Position ein Mensch kommt, sondern allein sein Weg über abgelegte Prüfungen. Konfuzius war entschieden dagegen, daß Menschen ohne Leistung eine Rolle spielten. Dieser Anspruch Konfuzius', seit über zweitausend Jahren in die japanische Struktur »hineinerzogen«, führt auch heute zu einer konsequenten Auslese der Besten.

Allein deswegen ist das japanische System für jedermann durchlässig – aber nur über den Weg der Qualifikation; und es wird nicht gemogelt. Das bedeutet aber auch, daß an den Firmenspitzen hochqualifizierte Manager stehen, die auf vielen Gebieten über einen hohen Bildungsgrad verfügen.

Wenn man wirklich darüber nachdenkt, welche Wettbewerbsposition die Bundesrepublik Deutschland eines Tages international einnehmen wird, dann spielen der Bildungsgrad, der Qualifikationsgrad der Unternehmen mit all seinen Mitarbeitern die entscheidende Rolle. Dazu ist es notwendig, daß wir wieder anfangen, uns mit denen zu freuen, die eine besondere Leistung geschafft haben, die deshalb eventuell hohe Positionen bekleiden können, uns über die zu freuen, die sich der Leistung und deren Prüfungen nicht entziehen, sondern sich ihnen mit Erfolg gestellt haben. Und wir müssen aufhören, Klage über die zu führen, die es nicht geschafft haben! Wer einen Weg geht, hat keinen Anspruch auf Erreichung des Zieles! Es bleibt allein die Chance, ein Ziel anzustreben. Wer dieses Prinzip zerstört oder bezweifelt, nimmt Menschen die Chance, sich zu entwickeln, macht sie letztlich unmündig und nimmt ihnen jede Kraft zu leben!

Nichts ist erfolgreicher als der Erfolg

Was letztlich im vierten Element, im Pragmatismus, besonders deutlich wird, heißt schlicht und einfach: Was erfolgreich ist, ist gut, weil nur etwas Gutes erfolgreich *bleiben* kann! Das trifft sowohl auf das eigene Verhalten und Selbstverständnis zu wie auch bei der Beurteilung nach Japan exportierter Produkte. Japaner bewundern jedes erfolgreiche Produkt, das nach Japan exportiert werden kann, und es ist durchaus ein Modetrend in Japan, sich mit ausländischen Statussymbolen zu umgeben.

Aber es entspricht absolut diesem Selbstverständnis, zu versuchen, ausländische Produkte in dem eigenen Wirtschaftsrahmen herzustellen, um sich so schnell wie möglich vom Import zu befreien. Und wie in allen Wirtschaftssystemen ist es dann ja nur logisch, im nächsten Schritt den ehemaligen Importartikel wieder zu exportieren.

Zu diesem Pragmatismus gehören noch einige weitere Fakten, ohne die japanische Wirtschaft nicht denkbar ist.

o Ein besonderes »Glück« zwang Japan zu einem situativen Marketing. Die völlige Zerstörung nach dem Zweiten Weltkrieg, bei

22

gleichzeitiger Rohstoffarmut, zwang die Japaner in eine Marktnische des Nur-überleben-Wollens. Am Anfang hieß das Produktionsmotto: erfolgreiche, intelligente Produkte (z.B. Kameras) fast gleich nachzubauen und unter Ausnutzung aller Vorteile (z.B. Arbeitslöhne) extrem billig zu verkaufen. Heute lautet das Motto etwa so: Wir entwickeln selber intelligente Produkte! Oder so: Bei Produktgleichheit streben wir die bessere Qualität an! Da Not diszipliniert und japanische Mitarbeiter für extreme Situationen »günstig« erzogen sind, konnte, ähnlich wie in der Bundesrepublik Deutschland, eine kontinuierliche Aufbauarbeit gelingen.

○ Es gibt in Japan einen staatsgelenkten Protektionismus. Der Rahmen dessen, was in Japan produziert oder auch nicht produziert werden soll, wird in einem »Netzwerk« abgestimmt, in dem Unternehmer, Banken und Regierungsbeamte langfristig die Weichen stellen.

○ Über das japanische Bankensystem wird der gesamte Wirtschaftsprozeß gesteuert. Japanische Firmen sind häufig mit hohen Summen an Fremdkapital ausgestattet, weshalb oft die Banken die wahren Inhaber der Unternehmen sind.

○ Ohne das Ministerium für Internationalen Handel und Industrie (MITI) ist japanische Wirtschaft überhaupt nicht denkbar, stellt das Ministerium doch das zentrale Gehirn japanischer Wirtschaftsstrategie dar!

○ Das japanische Marketing ist wohl auf der Grundlage der vorgenannten Punkte besonders günstig ausgestattet, aber ohne einen weiteren Aspekt nicht komplett. Das ist der Umgang mit dem Faktor Zeit. Japanisches Marketing hat einen völlig anderen »Zeit-Denk-Rhythmus« als unseres. Das langfristige Denken führt zu geduldigem Handeln, ohne dabei auch nur einen Augenblick an dem eigentlichen Wollen zu zweifeln. So hat man vor einigen Jahren bereits in Peking ein luxuriöses Geschäft eingerichtet, um japanische Uhren zu zeigen. Vielleicht wird in den nächsten zehn Jahren kein Chinese das Geld für eine so teure Uhr aufbringen können, wird keine einzige Uhr verkauft werden – aber es kommt der Tag... Es ist nicht zuletzt dieser Rhythmus, der den europäischen Marktgegner mittel- und langfristig aus der Fassung bringen kann.

Bei Gesprächen mit Managern, die in irgendeiner Form mit oder in Japan Geschäfte machen oder dort Firmengründungen vorhaben oder durchführen, wird sehr schnell ein Aussagetenor deutlich: Je unbekannter das Netzwerk japanischer Wirtschaft ist, um so bedrohlicher und feindlicher wird es am Anfang empfunden. Macht sich hingegen Sachkenntnis breit, kommen Erfahrung im Umgang und Denken hinzu, dann weicht dem Eindruck der Bedrohlichkeit die Erkenntnis, daß auch das japanische Wirtschaftssystem verstehbar und auch in eigenes erfolgreiches Handeln umgesetzt werden kann.

Auch der folgende Satz ist nicht die absolute und damit endgültige Erklärung, könnte aber helfen: Wer einen Kampf aufnimmt, erntet Respekt, wer den Kampf gewinnt, erntet Hochachtung; wer verliert, darf nicht nach Mitleid heischen.

Diese aufgezeigten Elemente können Japan, japanisches Denken und Fühlen und japanische Wirtschaft nicht umfassend erklären, wohl aber eine Richtung aufzeigen, die sich zu verfolgen lohnt. Wer hier tiefer eindringen will, hat mit diesen Elementen einen roten Faden.

Das Buch der Erde

Der Erfolg ist das Gesetz des Managers. Es gibt keine andere Beschreibung seiner Aufgabe.

Er allein ist dafür verantwortlich, daß eine Idee zum Erfolg geführt wird. Er allein ist dafür verantwortlich, daß andere Menschen in seiner Umgebung ebenfalls erfolgreich sind. Er allein ist dafür verantwortlich, daß seine Firma erfolgreich ist.

Es gibt keinen anderen Sinn für eine Idee, für einen Menschen, für ein Unternehmen als den, erfolgreich zu sein. Es macht keinen Sinn, etwas in die Welt zu setzen, mit dem Ziel, daß es nicht erfolgreich ist. Es macht keinen Sinn, wenn ein Bauer ein Feld bestellt mit dem Ziel, die Ernte zu vernichten. Es macht nur einen Sinn, wenn Du einen Weg gehst mit dem Ziel, Erfolg zu haben.

Erfolg heißt nur, eine Lebens- oder Überlebensform besonders günstig zu gestalten. Alle Spielarten des Überlebens sind zunächst einmal, wertfrei, erlaubt. Neben dem erfolgreichen Überleben gibt es auch den Wunsch nach erfolgreichem Leben. Hier ist dann der Weg zur Vervollkommnung gemeint. Der Weg des Managers ist ein solcher Weg zur Vervollkommnung. Die Bereitschaft zur Übernahme der Verantwortung für andere unterscheidet den Manager in seinem Weg von anderen Wegen.

Was Dich von anderen Menschen unterscheidet, ist Dein unbedingtes Streben nach Erfolg. Doch genau damit beginnen die Schwierigkeiten. Mit dem absoluten Streben nach Erfolg beginnt für viele

Menschen eine Lüge: Wir gestehen uns und anderen diese Absicht nicht zu!

Wir halten Erfolg für etwas Nettes, Schönes und Harmloses! Erfolg hat aber auch eine zweite Dimension: Immer dann, wenn Du Erfolg hast, bedeutet das gleichzeitig, daß ein anderer Mensch Mißerfolg hat!

Nehmen wir an, Du bist ein Autoverkäufer. Immer dann, wenn Du ein Auto verkaufst, kann ein anderer an diesen Kunden kein Auto mehr verkaufen. Oder Du bist Arzt: Immer dann, wenn Du einen Patienten geheilt hast, kann ein anderer diesen Patienten nicht mehr heilen. Oder Du bist Journalist: Immer dann, wenn Du einen Artikel geschrieben hast, kann ein anderer aus Deinem Verlag einen Artikel gleichen Inhalts nicht mehr schreiben.

Natürlich lebt dort, wo der Erfolg angestrebt wird, in direkter Nähe auch die Angst vor dem Mißerfolg. Und diese Angst vor dem Mißerfolg ist genau das Element, das den Erfolg verhindert. Viele Menschen sind deswegen nicht erfolgreich, weil sie Angst vor dem Mißerfolg haben. Sie betreiben riesige Strategien und Gefechte, um den Mißerfolg zu verhindern. Doch genau deswegen werden sie niemals den Erfolg erreichen. Die Angst vor dem Verlust ist das größte Hindernis auf dem Weg zum Erfolg.

Es ist doch absolut einleuchtend, daß Menschen dann, wenn sie Angst haben, etwas zu verlieren, was sie tatsächlich oder vermeintlich besitzen, in ihrem Griff um die Dinge zunächst verkrampfen, um dann endlich in der absoluten Blockade zu erstarren.

Es ist also Deine Angst vor dem Verlust, die Dein Handeln blockiert. Es ist die Angst vor Verlust, die Dich unglücklich macht, und letztlich auch die Angst vor Verlust, die Dich in den Ruin treibt.

Wenn die Angst vor Verlust ein finsterer Urwald mit allen Schrecken dieser Welt ist und die Nicht-Angst ein sonnendurchflutetes Tal, in dem es sich lohnt zu leben – dann liegt das Tal der Nicht-Angst hinter dem Urwald der Angst vor Verlust. Um in das Tal der Nicht-Angst zu gelangen, mußt Du durch den Wald der Angst hindurch. Es gibt keine Umwege und keine Abkürzungen!

Du mußt lernen, mit der Angst vor Verlust umzugehen. Du mußt lernen, die Angst vor dem Verlust Deines Lebens zu ertragen. Allein der, der den Tod akzeptiert, kann leben. Wer den Mißerfolg akzeptiert, kann erfolgreich sein.

26

Der Weg des Schwertes, so wie ihn Miyamoto Musashi beschrieb und so wie ich ihn als den Weg des Managers interpretiere, ist der Weg, um über den Umgang mit dem Verlust das Leben zu lernen und den Erfolg zu verstehen.

Der Weg des Kriegers

Musashi beschreibt in seinen Aufzeichnungen vier Wege, die ein Mensch gehen kann – den Weg des Samurai, den Weg des Bauern, den Weg des Handwerkers oder den Weg des Kaufmanns.

Ob gewollt oder nicht, ob bewußt oder nicht, jeder Mensch geht einen Weg. Alle Wege haben in sich die Chance, das Ziel der Vervollkommnung anzustreben.

Das Gehen eines jeden Weges läßt dann bestimmte Harmonien erkennen. Der Bauer lebt in Einklang mit der Natur. Er kann nur mit der Natur säen und ernten, nicht gegen die Natur. Der Handwerker lebt in Einklang mit seinem Werkzeug. Der Zimmermann kann nur mit seinem Werkzeug ein Haus bauen. Seine ganzen Ideen sind ohne die richtige Handhabung von Werkzeug sinnlos. Der Kaufmann lebt in Einklang mit seinen Kunden. Er kann nur mit dem Kunden etwas verkaufen, nicht gegen ihn.

Der Krieger ist derjenige, der nur im Einklang mit seinem Gegner lebt, der nur im Einklang mit der Natur, mit dem Fluß der Dinge lebt und der nur im Einklang mit der richtigen Handhabung seines Werkzeuges, seines Schwertes, leben kann. Du erkennst jetzt, daß sich die Wege des Bauern, des Kaufmanns und des Handwerkers im Weg des Kriegers vereinigen.

Neben der Gleichheit der Wege gibt es noch einen Unterschied. Allein im Weg des Kriegers wird der höchste Einsatz gefordert und gebracht: Wer den Weg des Schwertes geht, gibt als Einsatz sein Leben.

Wenn Du das jetzt so liest, mag das ein wenig überzogen klingen – gibt als Einsatz sein Leben! Ich möchte Dich auffordern, über die Halbherzigkeit des Einsatzes nachzudenken. Jeder von uns hat doch schon einmal gesagt: »Dafür würde ich alles geben!« – jedoch in dem Bewußtsein, daß niemand das »alles« fordern wird. Eine umgekehrte Situation ist die, daß wir uns dann über einen faulen Kompromiß vor dem »alles« drücken, wenn »alles« gefordert wird – zum Beispiel von Glaubensfragen, in Verhaltensfragen oder in Lebenszielfragen.

Natürlich arbeitet heute kein Manager unter Einsatz seines körperlichen Lebens. Nur – beobachte doch einmal Dich oder Menschen um Dich herum: Wer wirklich außergewöhnliche Leistungen bringen will, muß von seiner Aufgabe besessen sein, füllt also damit sein Leben aus. Durch diese besondere Einstellung haben dann auch diejenigen, die diesen Weg gehen, die Chance, sich in ihrer Aufgabe zu vervollkommnen.

Die Gleichheit zwischen dem Krieger und dem Manager besteht darin, daß beide sehr extreme Positionen beziehen. Beim Weg des Kriegers verlangt das Streben nach Vervollkommnung den Einsatz des Lebens. Beim Weg des Managers verlangt das Streben nach Vervollkommnung den unbedingten Einsatz des ganzen Menschen.

Vergleicht man genauer den Weg des Kriegers mit dem Weg des Managers, werden sehr schnell die Parallelen deutlich. Der Manager kann nur im Einklang mit Kunden und Mitarbeitern erfolgreich arbeiten. Er kann nur im Einklang, das heißt zum richtigen Zeitpunkt, mit der natürlichen Situation arbeiten. Und er kann nur im Einklang und in Kenntnis mit der richtigen Handhabung des richtigen Werkzeuges arbeiten. Letztlich ist sein Einsatz so hoch wie der des Kriegers.

Die Chance für Dich als Manager besteht genau darin, sich nicht dem Einsatz zu entziehen, sondern den Einsatz zu bringen. Ein Beispiel: Wenn ein Vierzigjähriger sagt: »Wenn ich fünfzig Jahre alt bin, möchte ich nicht mehr arbeiten!«, dann hört sich das so an, als wenn jemand mit vierzig Jahren sagt: »Wenn ich fünfzig bin, werde ich mich umbringen!« Unterstellt, daß jemand seinen Beruf mag, warum soll er ihn dann mit fünfzig Jahren aufgeben? Und wer käme denn auf den Gedanken, Herbert von Karajan zu fragen, wann er aufhören werde zu dirigieren?

Die Ankündigung – oder der Wunsch –, aus seinem Beruf (seiner Berufung?) auszusteigen, kann doch nur von jemandem kommen, dem die augenblickliche Tätigkeit oder Situation verhaßt ist. Verhaßt deswegen, weil der Preis dieser Tätigkeit für diesen Menschen zu hoch ist. Und wer den Preis nicht zahlen kann, wird die Aufgabe oder sich selber in den Mißerfolg führen!

Darum achte bitte auf folgenden Zusammenhang: Der Krieger,

28

der den Weg des Schwertes geht, kann sich als »Meister der Kampfkunst« bezeichnen, der Manager, der den Weg des Schwertes geht,
kann ein »Meister der Führungskunst« werden.

Es ist eine Kunst, Menschen zu führen. Es ist eine Kunst, einzelne
Menschen oder große Gruppen in einer wirtschaftlichen Schlacht
erfolgreich zu führen. Es ist eine Kunst, die Ziele für ein Unternehmen
umzusetzen und andere Menschen dafür zu gewinnen. Es ist ehren-
haft und wichtig, diese Kunst zu erlernen und sich in ihr zu üben.

Jede Kunst beginnt mit dem pflichtbewußten Erlernen von Techniken und Arbeitsstilen in hoher Disziplin. Um beispielsweise so wie
Rembrandt malen zu können, ist das Erlernen bestimmter Techniken
notwendig. Erst auf diesen Disziplinen bauen Kreativität und künstle-
risches Schöpfen auf.

Bedenke, daß auch die Kunst des Führens, wie die Kunst des
Verkaufens, nicht mit Intuition und Kreativität beginnt, sondern mit
dem Erlernen von Techniken und Formen. Diese sind die Voraussetzung für verläßliches Verhalten, um nicht vom Weg abzukommen.

Sowenig wie man Krieger wird, indem man sagt: »Ab jetzt bin ich
Krieger!«, sowenig wird man Manager, indem man sagt: »Ab jetzt bin
ich Manager!« Nicht das Tragen des Schwertes macht den Krieger
zum Krieger, nicht das Übernehmen einer Aufgabe macht den Manager zum Manager, sondern das Ausleben des Schwertes macht den
Krieger, wie das Ausleben der Aufgabe erst den Manager macht.
Darum sind sich beide so gleich – Krieger und Manager – weil sie ihre
Kunst des Führens, eines Schwertes oder eines Menschen, nicht zweck-
gebunden betreiben, sondern als eine Form, als einen Weg, um sich zu
vervollkommnen.

Wer in Einklang mit sich leben will, muß das Gesetz des Weges
kennen.

Ein Vergleich zwischen dem Weg des Zimmermanns und dem Weg des Managers

Musashi vergleicht in seinem Buch den Zimmermann und den Krieger. Sehr ähnliche Schlüsse lassen sich auch zwischen dem Weg des
Zimmermanns und dem des Managers ziehen, wobei dann gleichzei-

tig ein Vergleich zwischen dem Weg des Kriegers und dem des Managers herauskommt. Insbesondere diese Geschichte macht deutlich, wieviel durch richtiges Beobachten zu lernen ist.

Der Manager ist wie der Zimmermeister. Er weiß mit dem Maßstab der Allgemeinheit, mit dem Maßstab des Unternehmens und dem Maßstab seiner Mitarbeiter umzugehen. Es ist der Weg des Anführers. Der Manager muß Ziele und Pläne entwerfen und zu deren Erreichung Mitarbeiter anstellen. Der Manager steht den Mitarbeitern vor wie der General den Armeen.

Die Mannschaft eines Unternehmens muß sorgfältig ausgesucht werden. So wichtig wie das Aussuchen von Hölzern oder Mitarbeitern ist auch das Verbauen und Verwenden. Jedes Haus braucht tragende Säulen im sichtbaren Bereich ohne Makel; verdeckte Träger, auf denen vieles ruht; schönstes, wenn auch schwaches Holz für Blendungen und rauhes Holz voller Äste für die Schalung. Wertloses Holz dient für den Gerüstbau am Anfang und als Brennholz. Jedes Unternehmen braucht Mitarbeiter als tragende Säulen, als absolute Träger des Unternehmens; andere zur Repräsentation und wieder andere für einfachste Tätigkeiten.

Beide, Zimmermann und Manager, beherrschen die Kunst des Auswählens und Einteilens. Werden falsche Hölzer ausgewählt oder an falschen Stellen verbaut, dann kann das Haus nicht halten. Werden Mitarbeiter nach falschen Überlegungen ausgewählt (weil zum Beispiel zu hoch qualifiziert) oder falsch eingesetzt (weil zu gering qualifiziert), müssen sie versagen. Sowie das Splittern des Holzes auf den Zimmermann zurückfällt, so ist der Manager für das Versagen von Mitarbeitern verantwortlich.

Der Manager kennt die Stärken und Schwächen seiner Mitarbeiter. Nach diesen Erkenntnissen wird er sie einsetzen. Er achtet darauf, daß nichts halb erledigt wird, und er wird von ihnen nicht mehr verlangen, als sie zu leisten in der Lage sind. Er muß genau ihre Anlagen und ihre Ausdauer kennen. Es ist seine natürliche Aufgabe, das Selbstvertrauen der Mitarbeiter dadurch zu erhöhen, daß er ihnen die Erkenntnis vermittelt, zu welchen Leistungen sie tatsächlich in der Lage sind – weil er sie so langfristig höher qualifizieren kann.

Man sagt: Ein General kennt seine Truppe. Eine gute Truppe hat aber einen schlechten General nicht verdient.

Gleiches zwischen dem Weg des Schwertes und dem Weg des Managers oder Worum es bei einem Gefecht geht

Ein Gefecht ist immer gleich. Ob es jetzt mit dem Schwert oder mit den Gedanken geführt wird. Der Weg, das Verhalten, von Krieger und Manager ist ebenfalls gleich.

Beide, der Krieger und der Manager, müssen, bevor sie in das Gefecht gehen, zu der richtigen Einstellung finden. Diese Einstellung darf nicht anders sein als zu allen anderen Zeiten.

Der Krieger lebt seine Einstellung den ganzen Tag und schult sie. Der Manager lebt seine Einstellung auch den ganzen Tag und hat sie zu schulen. Sowenig wie der Krieger nur Krieger ist, wenn er das Schwert umbindet, sowenig ist der Manager nur Manager, wenn er am Schreibtisch sitzt. Beides ist man immer, den ganzen Tag. Die Einstellung ist also da, unabhängig vom Zeitpunkt des Gefechtes. Sie muß ständig geschult werden, um im Augenblick der Belastung, in einem Gefecht, ob jetzt mit Schwert oder Geist, als absolut gesicherte Erkenntnis da zu sein.

Vom Nutzen des Todes

In diesem Buch wird sehr viel von »den Gegner niederschlagen«, »den Gegner töten« die Rede sein. Und vielleicht fragst Du Dich, ob das die zukünftige Form ist, miteinander umzugehen.

Natürlich ist das nicht so. Die Welt ist nicht voller Konkurrenten, die alle getötet werden müssen, und es kann auch kein Lebensziel sein, am Ende des Weges auf eine möglichst große »Strecke« erlegter Feinde zurückzublicken.

Doch wenn hier vom Tod die Rede ist, dann nicht nur in dem Sinn, daß immer vom Tod eines anderen gesprochen wird, sondern auch vom eigenen Tod. Beim Weg des Kriegers gehen die Prüfung, die ständige Herausforderung und das Streben nach Vervollkommnung über den Tod.

Der Weg des Schwertes unterscheidet sich allein in diesem einzigen Punkt von allen anderen Wegen. Und weil alles Lernen, Üben

31

Mann mit Helm von der Seite.

und Erfahren über den Umgang mit dem Tod geschieht, ist der Weg des Schwertes härter, klarer, präziser und einfacher als alle anderen Wege.

Es gibt viele Wege, um sich zu vervollkommnen. Und Du weißt, wie schnell man von einem Weg abkommen kann, Gefahr läuft, sich in Nebensächlichkeiten zu verlieren und sich damit von dem eigentlichen Ziel der persönlichen Weiterentwicklung entfernt. Wenn es bei einem Weg um den Tod geht, auch um Deinen eigenen Tod, dann wird sehr viel Klarheit gefordert. Um den Tod kann man nicht herumreden.

Ich will keine Wertung vornehmen, welcher Weg der alleingültige ist. Jeder wird sich seinen Weg nach seinen Neigungen suchen. Ich bin allerdings davon überzeugt, daß der Weg des Kriegers, der Weg des Schwertes, besonders für diejenigen geeignet ist, die unternehmen und nicht unterlassen, die führen wollen und auch können, die bereit sind, für sich und auch für andere Verantwortung zu übernehmen.

Weil ich davon überzeugt bin, daß der Beruf des Managers der Beruf mit dem höchsten Anforderungsprofil ist, darum ist es nur konsequent, diesem Beruf eine entsprechende Möglichkeit der Prüfung und Schulung zur Seite zu stellen.

Ferner bin ich der Überzeugung: Die Menschen, die sich einem Manager anvertrauen (anvertrauen müssen), müssen sich darauf verlassen, daß seine innere Einstellung untadelig ist, daß sein Verhalten auch unter extremen Belastungen berechenbar bleibt, daß er in Zuverlässigkeit, Ausbildung und Selbstschulung ihr Vertrauen rechtfertigt.

Die Mitte

Von besonderer Bedeutung ist die Mitte in Dir. Wer die Mitte hat, ist unbesiegbar. Wer den Weg des Schwertes geht und das durch Kendô praktisch übt, lernt im Training in seiner Körpermitte diesen Punkt zu suchen und zu finden.

Die Mitte ist dort, wo sich Körper und Geist, Wollen und Energie versammeln und ruhen. Die Mitte ist ein Geisteszustand, der durch eine Körperhaltung unterstützt und gelebt wird. Dein Schwert ist in dieser Haltung kein Fremdkörper, sondern Ausdruck, Fortsetzung und Bestandteil Deiner Haltung. Ein wohliges Gefühl der inneren Sicherheit, der Unbesiegbarkeit und Unangreifbarkeit verbreitet sich in Dir, wenn Du Deine Mitte gefunden hast.

Nur, die Mitte ist kein statischer Zustand, kein fixer Punkt, an dem man, wenn man ihn einmal erreicht hat, für immer verweilen kann. Das Problem besteht darin, daß man die Mitte anstrebt, erreicht und Gefahr läuft, sie jeden Augenblick zu verlieren. Es erfordert von Dir ein ständiges Bestreben, die Mitte zu finden, zu erreichen und in ihr zu verweilen.

Je trainierter, je geübter Du bist, um so häufiger, länger und intensiver wirst Du in Deiner Mitte verweilen können.

An dieser Mitte wird auch ein besonderer Unterschied vom Weg des Schwertes zu allen anderen Wegen deutlich: Die eigene Mitte kannst Du in vielen Wegen finden, z. B. in der Teezeremonie, beim Bogenschießen oder im Gebet. Beachte, daß diese drei genannten Wege sehr stille Wege sind. Da ist die Gesamtsituation günstig, um zu

Hier erkennst Du sehr gut die Position der Mitte. Das Schwert wird so gehalten, daß es nicht sichtbar ist. Blick, Körper- und Schwerthaltung lassen im Augenblick Deinen Angriff für sinnlos erscheinen.

seiner Mitte zu streben. Doch was ist mit Deiner »Ruhe«, wenn ein Gegner mit erhobenem Schwert auf Dich zustürzt, auf Dich eindringt, in der eindeutigen Absicht, Dich »zu töten«? Hier kannst Du schnell aus Deiner Mitte herausgleiten, schnell den Zustand der Unbesiegbarkeit verlieren.

Es gibt eine Vielzahl von Anlässen, die Dich aus Deiner Mitte verdrängen können. Das kann ein Telefonat sein, eine unangenehme und unerledigte Aufgabe, eine Fehleinschätzung, ein plötzlicher An-

34

griff, ein unerwartetes Zurückziehen, eine Form der Bedrohung oder auch eine Form der Liebkosung sein. Es gibt eine Vielzahl von Möglichkeiten und Varianten, die uns zufällig oder absichtlich aus unserer Mitte verdrängen. Die schlimmste Form des Verdrängens aus der Mitte ist die Bedrohung durch den Tod! Wenn es um Dein Leben geht, ist es nichts mehr mit Mitte, Selbstsicherheit und Gelassenheit. Wenn es in Deiner Firma um die Existenz des Unternehmens geht, wenn es um große Verluste geht, dann ist es schnell vorbei mit der Gelassenheit. Dann sind der Fehleinschätzung und damit der Fehlentscheidung Tür und Tor geöffnet.

Da sich Geist durch Körper schulen läßt, ist das praktische Üben mit dem Schwert der ideale Weg, um zu gesicherter Geisteshaltung zu kommen. Vor diesem Hintergrund ist die Gleichheit zwischen dem Weg des Schwertes und dem Weg des Managers besonders deutlich.

Du erkennst jetzt auch den großen Nutzen, wenn Du unter extremen Bedingungen lernst, Deine innere Mitte zu halten, um Deinen Blick und Dein klares Urteil zu schulen. Es ist ein besonderes Erlebnis, die Mitte zu haben, unangreifbar zu sein – um dann doch aus der Mitte herauszugleiten, die Mitte zu verlieren und mit ihr den Sieg zu verlieren. Da braucht es keiner großen Erklärung, was da passiert ist. Du fällst aus der Mitte und erhältst Deine Lektion.

Überprüfe, was in Deinem Unternehmen oder im Markt oder in Dir selber passieren müßte, um Dich aus der Fassung, aus der Ruhe zu bringen, um Dich von Deiner inneren Mitte zu verdrängen. Setze Dich mit diesen Dingen auseinander und überlege Dir, wie Du Dich richtigerweise zu verhalten hast.

Handle ohne Groll

Es wird für Dich von Wichtigkeit sein, wenn Du Dich als Manager in die Auseinandersetzungen um Menschen, Meinungen und Märkte einläßt, Deinem Gegner ohne Groll zu begegnen.

Habe keine arglistigen Gedanken, weder gegen Dich noch gegen andere. Versuche nicht zu täuschen. Wenn Du den Weg des Kriegers gehst, dann hast Du es auch nicht nötig, zu täuschen.

Wenn Du Dich im Markt bewegst, gelten für Sieg und Niederlage die gleichen Gesetze wie für den Schwertkampf. Wenn Du verloren hast, sei Deinem Gegner dankbar, denn er hat Dir eine Schwäche aufgezeigt. Wenn Du gewonnen hast, sei nicht hochmütig, sondern denke darüber nach, warum Du gewonnen hast.

An dieser Stelle ein Beispiel: Gesetzt den Fall, Du verlierst als Verkäufer einen guten, langjährigen Kunden an die Konkurrenz. Von allen wirtschaftlichen Fakten abgesehen, tut das auch persönlich weh. Eine Mischung aus Wut und Enttäuschung macht sich breit. Du bist auf Kunde und Konkurrent sauer. Doch – bringt Dich das weiter, wird sich durch den Kundenverlust etwas ändern und bewegen können, wenn Dein Blick von verletzter Eitelkeit getrübt ist? Natürlich nicht. Du wirst prompt die nächste Niederlage erleiden.

Bewegen wird sich erst dann etwas, wenn Du den Kundenverlust als Information, als deutlichen Hinweis auf eine Schwäche in Deinem Unternehmen erkennst. Wenn Du einen Kunden verlierst, so kannst du Dich immer noch um die anderen bemühen. Solange Du Kunden hast, die Du verlieren könntest, hast Du in Deinem Unternehmen eine Entwicklungs- und Gewinnchance!

Epilog zum Buch der Erde

Musashi schließt das Buch der Erde mit einem Epilog. Er schreibt: *»Für diejenigen, die meine Schwertkunst erlernen wollen, gelten die folgenden Regeln ...«*

Darum sage ich: Für diejenigen, die den Weg des Managers gehen wollen, gelten ebenfalls die folgenden Regeln! Zwar erleichtern hierbei die Interpretationen das Verständnis, sie entbinden Dich jedoch nicht von der Verpflichtung der Eigenbeobachtung und Eigenentwicklung.

1. *Habe nie arglistige Gedanken.*
   Die Grundvoraussetzung ist die Fairneß. Arglistige Gedanken machen alles, auch die größten Erfolge in Deinem Beruf, zunichte.
2. *Übe Dich unablässig darin, dem Weg zu folgen.*
   Es ist notwendig, einzusehen, daß die Entscheidung für einen Weg Dich nicht allein schon dem Ziel näherbringt, sondern

Dich zur Last des Ausfüllens verpflichtet. In dieser Verpflichtung liegen Sinn und Glück des Lebens.

3. *Mache Dich vertraut mit allen Techniken und Künsten.*
Gibt es eine einfachere Aufforderung zum Lernen? Es gibt keinen Grund, Dich mit dem bisher Erlernten zufriedenzugeben – Du darfst lernen und Dich entwickeln! Sieh es als Glück an, wenn jemand zu Dir sagt: »Du hast Dich aber verändert!« Zum Leben gehört auch, sich in einer Kunst zu üben, sei es nun Malen, Musizieren, Formen oder Dichten.

4. *Studiere die Wege vieler Tätigkeiten und Berufe.*
Du wirst reich und stark, wenn Du das Gegenteil eines Spezialisten wirst, »der von immer weniger immer mehr weiß, bis er zum Schluß von nichts alles weiß!« Lerne von möglichst vielem viel zu verstehen und selber viel zu können. Lerne vor allem, etwas mit Deinen Händen zu können – denn Handwerker haben keine Identifikationsprobleme.

Aus diesem und dem vorgenannten Punkt lassen sich auch noch drei weitere Empfehlungen ableiten: a) Nutze immer wieder den Jahresurlaub oder andere Zeiten, um in einen anderen Beruf richtig eintauchen zu können, um ihn wirklich von innen zu erkennen. b) Job-rotation macht so Sinn, weil damit Dein Verständnis für andere Bereiche des Unternehmens über die praktische Erfahrung wächst. c) Überprüfe, ob Dich nicht sogar ein kompletter Berufswechsel ein Stückchen voranbringt. Bevor man Dich »ausgliedert«, solltest Du die Gelegenheit nutzen und Dich selber bewegen.

5. *Lerne an allen Dingen, Gewinn und Verlust zu unterscheiden.*
Hoffe nie zu Beginn eines Gefechts: »Es wird schon gutgehen!« Tue nie etwas, was keinen Gewinn (egal in welcher Form) abwirft. Es gibt Situationen, da weiß man schon von Anfang an, daß es keinen Gewinn geben kann, sondern nur irgendeine Form von Verlust. Meide solche Situationen! Du kannst nur dann erfolgreich sein, wenn Du den vorhersehbaren Mißerfolg meidest wie der Teufel das Weihwasser! Lerne vor allem, den Mißerfolg auch als Mißerfolg zu erkennen und ihn so zu benennen. Bekenne Dich zu Deinem Gewinn, laß Neider unbeachtet, lebe ihn in stolzer Bescheidenheit aus.

6. *Entwickle Deine Fähigkeit, die Dinge auf den ersten Blick zu durchschauen.*

Der erste Schritt: Lerne zu fragen! Schnelles Durchschauen setzt voraus, daß Du lernst, nach den richtigen Dingen zu schauen, und vor allem lernst, daß die Dinge nicht kompliziert sind, sondern geradezu lächerlich einfach!

7. *Bemühe Dich, das Wesen auch dessen zu erkennen, was unsichtbar bleibt.*

Wenn Du einmal einen Blinden fragst, wird er Dir bestätigen, daß Blinde einen Gegenstand, zum Beispiel einen Stuhl, der im Weg steht, regelrecht »erspüren« können. Uns bleiben viele Dinge »verborgen«, und dennoch sind sie spürbar – die Spannung in einem Raum beispielsweise oder die wahre Bedeutung einer Sache für uns.

8. *Vernachlässige nie Deine Aufmerksamkeit auch gegenüber den kleinsten Dingen.*

In den kleinen Dingen ist das Große zu sehen. Um das Wesen der Blume zu erkennen, braucht man nicht ein ganzes Gewächshaus oder eine riesige Plantage; es reicht eine Blüte. Um das Wesen des Todes zu erkennen, muß man nicht extra einen Baum fällen; es reicht, eine einzige Kirschblüte sterben zu sehen.

9. *Halte Dich nicht mit nutzlosen Beschäftigungen auf.*

Weigere Dich mit Händen und Füßen, für Dich, Deine Freunde, Deine Familie oder Dein Unternehmen irgend etwas Nutzloses zu tun! Stelle Dir immer die Frage, ob das, was Du gerade tust oder bewußt nicht tust, für Deinen Weg nützlich ist oder nicht. Und wenn es nicht nützlich sein sollte, dann überlege Dir, was Du unternehmen könntest, damit dennoch ein Nutzen entsteht.

Diese Regeln solltest Du unbedingt beherzigen und Dich so in der Kunst des Führens üben. Du kannst nur so ein Meister des Führens werden, wenn Du Deinen Weg gehst und die dazu notwendigen Regeln lebst.

Wie oft *nimmt* man sich etwas vor, faßt einen guten Entschluß, und dann – *macht* man sich nur etwas vor. Um den Meisterweg des Managers zu gehen, um sich in der Kunst des

Führens zu üben, – letztlich immer mit dem Sinn, sich dem großen Ziel der Vervollkommnung zu nähern –, ist es zwingend notwendig, die Hand, das Auge, das Ohr und die Entschlossenheit im Handeln zu üben.

Deine Selbstbeherrschung soll geistig und körperlich einen solchen Grad erreichen, daß Du unter den schwierigsten und widrigsten Umständen den Sieg erringen kannst. Befolgst Du die Regeln des Buches ständig, wirst Du nicht verkrampfen, sondern in absoluter Gelassenheit Deinen Weg gehen. Der Weg des Managers ist gleich dem Weg des Kriegers.

Je ausgiebiger Du Dich schulst und Deinem Weg als Manager folgst, um so eher werden sich hervorragende Mitarbeiter um Dich scharen, um mit Dir den Weg des erfolgreichen Managers zu gehen. Alle werden daran ihren Nutzen haben: Dein Unternehmen, Deine Mitarbeiter und deren Familien und letztlich auch Du selbst.

Musashi schließt seinen Epilog mit dem Satz: *Wenn es einen Weg gibt, der zu unbesiegbarem Selbstvertrauen führt, dem einzelnen alle Schwierigkeiten überwinden hilft und ihm Ruhm und Ehre einträgt, so ist es der Weg des Kriegers.*

Das Buch des Wassers

In diesem Buch beschreibt Musashi die verschiedenen Kampftechniken, die es anzuwenden gilt. Dabei gilt der Grundsatz: Das Wasser sucht seinen Weg.

Wasser fließt nach Zweckmäßigkeit, nach der sich bietenden Möglichkeit, nicht nach einem bestimmten Wollen. Anders ausgedrückt: Wasser fließt nicht nach einem Plan, nicht nach einem Konzept, sondern nach den sich bietenden Möglichkeiten. Die ungeheure Effektivität des fließenden Wassers entsteht genau aus diesem Grund: loslassen von allem starren Wollen und Ausnutzen aller sich bietenden Möglichkeiten der Weiterbewegung, der Weiterentwicklung.

Überträgt man das Prinzip des Wassers auf die Schwertkampftechnik, dann bedeuten diese Erkenntnisse, daß es kein richtiges oder falsches Handeln gibt, sondern nur ein zweckmäßiges oder nicht zweckmäßiges.

Das wird besonders da deutlich, wo Musashi von den fünf Kampfhaltungen spricht. Er beschreibt dabei genau die obere, die mittlere, die untere, die links- und die rechtsseitige Kampfhaltung. Und nachdem er sehr eindringlich die Kampfhaltungen beschrieben hat, stellt er fest, daß es im Grunde gar keine genauen Positionen geben kann. Vielmehr seien die Übergänge fließend, von der einen zur anderen Kampfhaltung. Es gibt also keine absoluten Richtlinien für bestimmte Kampfhaltungen. Allein die Zweckmäßigkeit eines Kampfstils entscheidet situationsabhängig die jeweilige Anwendung.

Übertragen auf die Arbeit eines Managers bedeutet das, daß es nicht darum gehen kann, Arbeitsstile ausschließlich nach gut oder schlecht, richtig oder falsch zu beurteilen. Das Haupturteilskriterium muß Zweckmäßigkeit sein.

Hier, im Buch des Wassers, werden die Kampftechniken Mann gegen Mann beschrieben, die in jedem Fall und immer zu Deinem Sieg führen. Studiere sie sorgfältig.

Die innere Haltung des Kriegers

Von entscheidender Bedeutung für Deinen Erfolg als Manager wird Deine innere Einstellung zu den Dingen sein. Es ist zunächst nicht von Wichtigkeit, ob Du Dein Schwert richtig führst, ob Du geübt bist oder ob Du weniger Erfahrung hast. Der Erfolg hängt nicht von der Handhabung allein ab. Er beginnt in Dir, bei Deiner inneren Haltung.

Ein sicheres Indiz, daß mit Deiner inneren Haltung etwas nicht stimmt, ist, wenn ein Mitarbeiter Dich fragt: »Sagen Sie mal, wie sind Sie eigentlich privat?« Diese Mitarbeiter- oder Kundenfrage ist ein Hinweis dafür, daß man Dir Deine Rolle nicht abnimmt (ob zu Recht oder zu Unrecht, spielt dabei keine Rolle), daß man Dir aufgrund Deines Verhaltens unterstellt: Dich gibt es noch in einer anderen, einer zweiten, vielleicht sogar dritten »Version«.

Um erfolgreich den Weg des Managers zu gehen, bedarf es einer einheitlichen, geschlossenen Persönlichkeit. Der Beruf des Managers ist ein Weg, um zu dieser geschlossenen Persönlichkeit zu werden oder zu ihr zu finden.

Von Deiner inneren Haltung wird Deine Urteilsfähigkeit abhängen. Diese Urteilsfähigkeit muß von Dir ständig geschult werden. Sie wird darüber entscheiden, ob Du bei einer Aktion Erfolg hast oder nicht. Die intakte Urteilsfähigkeit ist die Voraussetzung für Gelassenheit.

Das wohl entscheidenste, wichtigste Merkmal bei der inneren Haltung des Kriegers und des Managers ist ein Maß an Gelassenheit, das außergewöhnlich sein muß. Gelassenheit und sicheres Urteil sind beides Voraussetzungen, um in Situationen größter Belastungen, zum Beispiel im Gefecht, zu einem gesicherten Handeln zu finden. Dein

Unternehmen, Deine Mitarbeiter und Deine Kunden müssen sich darauf verlassen können, daß Du sie nicht in Gefahr bringst, weil Du Deine innere Haltung verlierst.

Gerade in extremen Situationen, in Gefahrenmomenten, neigt man dazu, heftig zu atmen, unruhig zu schauen und sich schnell zu bewegen. Alles das schmälert die Sicherheit des Handelns. Um trotzdem zu hoher Gelassenheit zu kommen, ist es notwendig, mit dem Schwert zu üben, durch das Schwert zu lernen und mit dem Schwert den Weg der Niederlage einmal zu gehen.

Ich will es Dir so erklären: Wer den Weg des Schwertes geht, kommt unweigerlich an den Punkt, wo er alles verliert, wo nichts mehr gilt, wo alles weg ist, wo die Verzweiflung über die permanente Niederlage so groß ist, daß alles aufhört zu existieren. Und es kommt eine Leere, in der Du erkennst: Aus dem Dilemma der Niederlage komme ich nicht heraus mittels Wut oder Aggression. Eine drohende Niederlage kann ich nicht abwenden, indem ich meine Gefühle mobilisiere, kann ich nicht abwenden, wenn ich mich über meinen Gegner aufrege, kann ich erst recht nicht abwenden, wenn ich mich über mich selber ärgere!

Eine drohende Niederlage kannst Du nur dadurch abwenden, daß Du Deinen Gegner besiegst!

Einen anderen besiegen, setzt den Sieg über sich selbst voraus! Sich mit Gelassenheit Problemen, Aufgaben, Herausforderungen zu stellen, in dem Bewußtsein, zu siegen, setzt die Erfahrung der Niederlage voraus. Ich will Dich nicht auffordern, im Beruf mit voller Absicht die Niederlage zu suchen – das wäre unverantwortlich. Doch wenn Dir eine Niederlage widerfährt, dann wehre Dich nicht gegen die Erkenntnis, sondern nutze diese Erfahrung für Dich. Das mußt Du bedenken.

Das Maai*

Im Gefecht, ob mit Schwert oder Geist, geht es um den Abstand beider zueinander. Es gibt keine ideale Darstellung dessen, was man unter

* Der Abstand

Die Krieger befinden sich in der Position des *Waki-Gamae*. Beide können nicht das Schwert des jeweiligen Gegners erkennen. Der Abstand ist relativ groß. Was der einzelne sieht, wird aus der nächsten Abbildung deutlich.

Waki-Gamae. Das Schwert wird vom Körper verdeckt. Der entsprechende Gegner soll über die »Länge« des Schwertes im unklaren bleiben.

Beide halten zueinander einen Abstand, der sofort durch einen Zwischenschritt zu überwinden ist (links).

Es berühren sich allein die Schwertspitzen beider Gegner. Die »Spannung« des Wollens wird dadurch spürbar und übertragbar (rechts).

Der Grundabstand *(Issoku-Ittô-no-Maai)* in kampfbereiter Haltung, wobei das Schwert in der Körpermitte gehalten wird *(Chudan-no-Kamae)*. Aus dieser klassischen Position werden die meisten Gefechte geführt (links).

Hier ist die Kreuzung der Schwerter im Nahkampf zu sehen *(Tsuba-zeriai)*. Damit ist das Maai extrem gering geworden. Es entsteht nun die Möglichkeit, mit der Technik »Mit Zähigkeit Klinge auf Klinge« daraus noch einen Vorteil zu ziehen (rechts).

45

dem richtigen Abstand zu verstehen hat. Es ist immer die Position, die Dir den Sieg ermöglicht.

In der Beziehung von Menschen zueinander spielt der Umgang mit dem »Abstand« zwischen beiden eine große, häufig sogar eine sehr entscheidende Rolle. Du selbst hast an Dir schon bestimmt beobachtet, daß es unangenehm sein kann, wenn Dir jemand »zu nahe kommt« oder wenn jemand eine »Distanz« aufbaut. Grundsätzlich sollte der Territorialanspruch des anderen respektvoll gewahrt werden.

Das jeweilige Maai beeinflußt sehr stark die Art des Angriffs. Steht Ihr Euch beide im etwas zu großen Maai gegenüber, so ist die Distanz durch einen Doppelschritt zu überwinden. Im zu kleinen Maai, vielleicht sogar mit Körperkontakt, kann der entscheidende Treffer durch Zurückspringen angebracht werden.

Dein Abstand ist dann falsch, wenn Du die Situation nicht übersehen kannst, sei es durch zu große Nähe, sei es durch zu große Entfernung. Bedenke immer, daß das Maai entscheidend Deinen Blick beeinflußt. Du wirst ein Gefecht nicht wegen des falschen Maai allein verlieren, sondern vor allem wegen der falschen Einschätzung der Lage.

Das Wählen und Halten des Maais ist keine einseitige Form, die Du allein entscheidest. Sowenig wie jemand nicht kommunizieren kann, sowenig kann auch jemand auf das Maai nicht reagieren. Wenn Du versuchst, Dein Maai zu vergrößern, wird Dir Dein Gegner entweder folgen, um es wieder zu verkleinern, oder er wird seine Angriffstaktik verändern. Dasselbe gilt auch im umgekehrten Fall des Verkleinerns.

Du mußt lernen, diese Abhängigkeit des beiderseitigen Verhaltens zu beobachten. Sie kann gegen Dich verwandt oder von Dir bewußt als »Führungsinstrument« eingesetzt werden – sowohl im Gefecht wie auch in der Führungsarbeit.

In der täglichen Arbeit läßt sich der Umgang mit dem Maai durchaus als strategisches Instrument verwenden. In Gesprächen kann der Abstand ganz bewußt groß gehalten werden, um eine »Distanz« zu erzeugen, oder klein, um ein ganz gezieltes Eindringen in die Intimsphäre des anderen zu erreichen. Berücksichtige bitte, daß das Eindringen in das Maai des anderen häufig mit einem Angriff beantwor-

46

tet wird. Fehlt Deinem Gegenüber jedoch strategische Disziplin, so läßt sich schnell ein »blinder« Angriff von ihm provozieren.

Wenn Du beobachtest, daß Dein Gegenüber seinen Angriff durch Verkleinern des Maais einleitet, so tritt ihm dann genau einen Schritt entgegen. Damit verringert sich das Maai absolut, der Blick verändert sich ebenfalls. Da das Entgegentreten nicht erwartet wird, bricht der Angriff in sich zusammen – und Du hast die Gelegenheit, sofort Deinen Angriff daraus abzuleiten. Insbesondere unfaire Angriffe in Besprechungen lassen sich besonders gut dadurch blockieren, daß Du Dich nicht gedankenverloren zurücklehnst, um zuzuhören und nachzudenken. Geh einen Schritt vor, und höre dann zu.

Von besonderer Bedeutung für die tägliche Arbeit ist die Verletzung geistiger Territorien, also das Eindringen in das intellektuelle Maai. Menschen ärgern sich über nichts so schnell und so sehr wie über die Verletzung ihrer fachlichen Kompetenz. Ich will Dich hier jedoch nicht ermutigen, das zu tun, als vielmehr warnen, daß Dich genau dieser Umstand aus der Fassung bringen kann.

Lerne, das Maai richtig zu wählen. Respekt und Etikette helfen Dir im Umgang mit Partnern. Hüte Dich also vor schlampigem Umgang mit dem Maai, und laß den Sieg nicht aus den Augen, wenn Du bewußt in das Maai anderer eindringst! Du wirst durch ständiges Üben schnell herausfinden, in welcher Situation welcher Abstand der richtige ist.

Der Blick

Von großer Bedeutung für den Erfolg Deines Gefechts wird Dein Blick sein. Hier geht es um folgendes: Achte nicht auf das Detail, ohne das Ganze zu sehen, und laß Dich nicht vom Ganzen beeindrucken, ohne das Detail zu sehen.

Am Beispiel des Bergsteigens wird es deutlich. Wer den Berg nur in seiner Gesamtheit sieht, wird abstürzen, weil er den losen Stein nicht sieht, auf den er tritt. Wer jedoch nur vor sich auf die einzelnen Steine achtet, um ja nicht auf eine lose liegende Steinplatte zu treten, wird den Gipfel verfehlen.

Du mußt also beides üben. Den Blick für das Detail, ohne das

Ganze aus dem Auge zu verlieren, und den Blick für das Ganze, ohne ein Detail zu übersehen. Und merke Dir gut: Es ist kein Widerspruch, sondern etwas, was Du durch tägliche Übung ganz allein lernen kannst.

Beginne sofort mit dem Üben. Betrachte jetzt, egal wo Du bist, den Raum, in dem Du Dich aufhältst. Schaue so, daß Du jedes Detail siehst, ohne die Größe des Raumes zu unterschätzen, und schaue so, daß kein Detail wichtig ist, die Größe des Raumes aber von Dir empfunden werden kann.

Jeder Kendojin weiß aus eigener Erfahrung, daß der Blick allein auf das Detail zum Verlust des Sieges führen muß. Wenn Du auch nur einen Augenblick direkt auf die Füße oder auf die Schwertspitze oder auf ein anderes Detail Deines Gegners achtest, wird Dich dieser mit Leichtigkeit besiegen. Und natürlich wird er immer wieder versuchen, Deinen Augen Details »anzubieten«, um Deinen Blick vom Ganzen abzulenken.

Ähnliches gilt ja für die unternehmerische Wirklichkeit. Wer nur auf die Betriebszahlen starrt, kann ein Unternehmen nicht führen! Würde der Erfolg eines Unternehmens auf den Umgang mit Zahlen beruhen, müßten Buchhalter tolle Unternehmer sein. Andererseits: Wenn man die »Spinner« der Werbeabteilung machen ließe, ist zwar die Hölle los, und alle haben viel Spaß, aber vielleicht vergißt man, zu produzieren. Das Spiel kann man natürlich so lange fortsetzen, bis alle »Details« eines Unternehmens ihre Unfähigkeit oder Wirkungslosigkeit attestiert bekommen haben.

Tödlich für ein Unternehmen, eine Behörde oder eine Regierung sind hingegen Generalisten und Überflieger, die zwar an alles denken, jeden Fakt berücksichtigen wollen, sich für die große Linie mit philosophischem Gehalt interessieren, aber dann nicht fähig sind, zu entscheiden!

Ein erfolgreicher Unternehmer hat einmal gesagt: »Wenn man am Anfang alles richtig macht, muß am Ende des Geschäfts der Gewinn stimmen. Es lohnt sich darum nicht, auf das Gewinnergebnis zu starren!«

Wenn Du immer daran denkst, Dich in einem Gefecht richtig zu verhalten, dann wirst Du das Gefecht gewinnen, ohne an den Gewinn gedacht zu haben. Der Sieg fällt Dir genauso zu, wie dem

Unternehmer der Gewinn – vorausgesetzt, alle Maßnahmen waren richtig.

Gekonntes Marketing ist ja nichts weiter, als eine erfolgsorientierte Gewichtung aller Maßnahmen, die zum Gewinn eines Marktes oder eines Kunden notwendig sind. Auch hier wieder die Wichtigkeit von Ganzem und Detail. Um einen ganzen Markt zu gewinnen, muß der einzelne Kunde gewonnen werden. Um aber diesen einen Kunden zu gewinnen, mußt Du auch wissen, wie der ganze Markt gewonnen werden will!

Bedenke, daß Dir Deine Konkurrenten auf dem Markt oder in einer Debatte gerne Details anbieten, um Dich vom Ganzen abzuhalten. Überprüfe bitte Deine »Lieblings-Details«! Damit Du sie schnell entdecken kannst, denke bitte an den Lehrer während Deiner Schulzeit, dem man nur die richtige Frage stellen mußte, um die ganze Stunde platzen zu lassen. So kann man auch Dich mit der richtigen Frage, der richtigen Provokation, dem richtigen Detail verführen, Dich von der Fährte, der Hauptsache ablenken. Geschieht dies, ist der Sieg für Dich nicht mehr möglich. Du findest Deine »Details« in Deinen Lieblings-Vorurteilen!

Der wahrnehmende Blick, der sich auf die Oberfläche richtet, der das Detail miteinbezieht, braucht wenig Kraft. Anders ist es mit

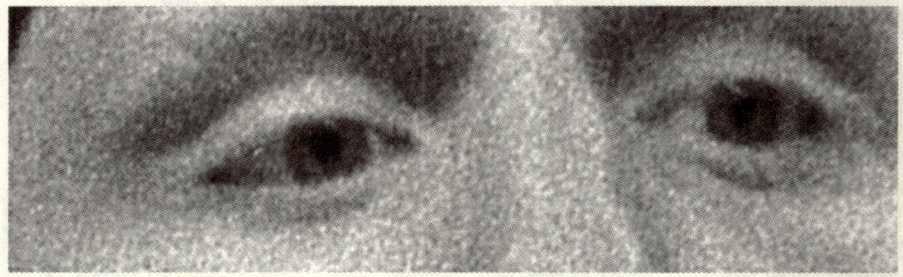

dem durchdringenden Blick, der Kraft und Übung erfordert, geht es doch darum, »das Schwert bis auf den Grund zu erkennen«.

Ein extremes Beispiel für den wahrnehmenden Blick liefert Boris Becker. Seine herabhängenden Augenlider, in fast allen Situationen zu beobachten, sind ein typischer Beweis für den wahrnehmenden Blick. Interessant ist, daß Musashi diesen Blick im Zusammenhang mit körperlicher Haltung beschreibt: *Gib acht, daß Deine Augen nicht ziellos umherirren. Lasse vielmehr die Lider ein wenig fallen, damit Du nicht zwinkern mußt!*

Damit wird auf die Möglichkeit und die Notwendigkeit hingewiesen, in die Seele des anderen zu sehen. Und jetzt wird auch klar, warum der Blick in die Seele, auf den Grund des Schwertes, auf die wahre Kampfkraft und -absicht des Gegners hin frei sein muß, frei sein muß von der Neigung, sich irgendwelchen Details hinzugeben.

50

Die Haltung des Schwertes

Hältst Du das Schwert richtig, wirst Du in jeder Situation jeden Angriff richtig parieren können.

Umklammerst Du den Griff, verliert jetzt schon der Griff und damit auch der mögliche Schlag sein Leben. Zu fester Griff bedeutet Statik – und damit Tod.

Faßt Du das Schwert zu leicht, kann der Gegner Dir Dein Schwert mit Leichtigkeit aus der Hand schlagen – Du verlierst Dein Leben. Der zu leichte Griff bedeutet nicht Dynamik, sondern Nachlässigkeit.

Durch ständiges Üben lernst Du, das Schwert richtig zu halten. Du spürst ganz in Dir, wie der richtige Griff, die richtige Haltung ist. Du wirst einen ruhenden Griff haben, so wie man eine Schwalbe hält. Doch im Augenblick des Auftretens wirst Du den Griff so umspannen, daß Dein Wollen bis in die Schwertspitze dringt.

51

Und das ist der Nutzen im Beruf:

Nimm einmal an, Du willst Erde mit den Händen greifen. Dann gräbst Du die offenen Hände in das Erdreich.

Nun willst Du die Erde aber festhalten. Du umschließt die Erde, Du schließt Deine Hände.

Wieviel Erde hast Du jetzt noch in der Hand? Durch das Festhaltenwollen des Besitzes hast Du sehr viel verloren.

52

Wenn Du jetzt nachschaust, siehst Du, daß nur noch wenige Krümel in Deiner Hand sind. Diese Haltung ist also nicht zweckmäßig.

Um die Erde zu behalten, ist es notwendig, die Hände so zu formen, daß in der offenen Hand möglichst viel Erde bleibt. Es hängt nun von Deiner Geschicklichkeit ab, ob der Wind in die offenen Hände bläst oder ob ein anderer dagegenschlägt oder ob Du durch Ungeschicklichkeit Erdkrümel verlierst. Für das Festhalten eines Vogels gilt dasselbe Prinzip: Durch einen zu festen Griff wird der Vogel sterben, bei einem zu leichten Griff fliegt der Vogel fort.

Für das Schwert, den Vogel, die Erde und den Mitarbeiter gilt dasselbe Prinzip: Die Vitalität der Mitarbeiter bleibt nur erhalten, wenn Du sie in einer offenen Hand hältst.

53

Die Haltung der Nicht-Haltung

Diese Lehre besagt, daß im Grunde keine Notwendigkeit dafür besteht, das Langschwert in einer bestimmten Position in Bereitschaft zu halten. Zwar gibt es die fünf Positionen des Langschwerts, aber hierbei ist es egal, ob man sie einnimmt oder nicht. Wie immer man das Langschwert faßt, man hält es entsprechend dem Bezug zum Gegner, entsprechend dem Ort und den Umständen, aber immer so, daß man den Gegner niederschlagen kann.

Angewandt auf die große Schlacht entspricht der Kampfhaltung die sogenannte Schlachtordnung. Auch sie hat nur den Zweck, in der Schlacht den Sieg davonzutragen. Sich darüber hinaus auf feste Formen einzulassen – das ist, und das mußt Du Dir merken, nicht gut.

Der Weg des Schwertes verlangt von Dir viel Gehorsam, Etikette, Einhaltung bestimmter Formen und Disziplin. Deshalb ist die Haltung der Nicht-Haltung von so großer Wichtigkeit. Wenn es um Angriff, Kampf, Taktiken geht, dann spielt es überhaupt keine Rolle, wie Du Dein Schwert hältst, Deinen Angriff startest, wie Du zuschlägst!

Es ist völlig unwichtig, ob Dein Schlag von unten, von oben oder von der Seite kommt. Es ist unerheblich, aus welcher Position Du angreifst. Es gibt nur einen unabdingbaren Satz: Wenn Du in ein Gefecht gehst, dann dürfen Geist und Körper nicht am Sieg zweifeln.

Es gibt keinen halbherzigen Erfolg. Eine Beobachtung, die im Schwertkampf genauso gilt wie im Leben eines Managers, ist folgende: Die Halbherzigkeit, die Unentschlossenheit, die Amateurhaftigkeit im Verhalten von Menschen ist immer und allein die Ursache ihrer Niederlage gewesen. Denke daran!

Niemand verlangt von Dir, daß Du in ein Gefecht gehst. Aber wenn Du Dich zu einem Gefecht stellst, dann darfst Du nur das Ziel haben, Deinen Gegner niederzuschlagen.

Den Gegner niederschlagen »in einem Takt«

Unter den verschiedenen Rhythmusarten zum Niederschlagen des Gegners gibt es den sogenannten »Ein-Takt-Hieb«. Habt ihr – Du und

Dein Gegner – euch einander bis auf die Entfernung genähert, daß ihr euch mit dem Schwert erreichen könnt, und erkennst Du, daß der Gegner noch unentschlossen ist, so ziehe ohne äußere und innere Erregung Deine Klinge und schlage zu mit einem Streich. Solange der Gegner noch überlegt, ob er sich zurückziehen, ausweichen oder angreifen soll – ihn im selben Moment auch schon niederzuschlagen, das nennt man den »Ein-Takt-Hieb«. Ihn mußt Du üben, ihn mußt Du beherrschen lernen, um ihn mit größter Schnelligkeit sofort anzuwenden.

Wenn Du häufig in Verhandlungen bist, dann hast Du schon erlebt, daß es Partner gibt, die ihre Forderungen regelrecht »ankündigen«, sich erst einmal »in Stimmung« bringen müssen. Diese Situation wird als Zögern bezeichnet. Das ist eine Form der Unentschlossenheit, die zum Teil auch etwas mit eingespielten Ritualen zu tun hat – zum Beispiel wird erst ein bißchen nett geplaudert und dann erst verhandelt.

Niederschlagen »in einem Takt« heißt, die Unentschlossenheit, eventuell sogar die ritualisierte Unentschlossenheit für den entscheidenden Hieb zu nutzen.

Niederschlagen »in einem Takt« heißt: Während sich der Verhandlungspartner noch in Stimmung bringt oder sich erst zum Angriff entschließen will, mußt Du schon zuschlagen.

Zum weiteren Verständnis studiere den »Doppel-Hüften-Takt«.

Beachte bitte für alle Verhandlungen, ob Kündigung eines Mitarbeiters, Verkaufskonferenzen oder alle Formen der Diskussion: Während einer Verhandlung hantiert man nicht mit dem Schwert herum. Außerdem nimmt man nur die Waffen mit, die man beherrscht. Bedenke dies sorgfältig aus Sicht Deiner Partner.

Der »Doppel-Hüften-Takt«

Hat sich Dein Gegner, weil Du zum Angriff übergehst, rasch zurückgezogen, so unternimm zunächst nur einen Scheinangriff, um erst dann, wenn er sich nach vorübergehender Anspannung wieder lokkert, sofort und unaufhaltsam zuzuschlagen. Das nennt man den

»Doppel-Hüften-Takt«. Allein nach diesem Buch wirst Du einen solchen Hieb noch nicht ausführen können, aber bei einiger Anleitung solltest Du ihn bald begreifen.

Zum Verständnis: Die Stabilität, Vitalität und der ideale Schwerpunkt eines Schwertkämpfers liegen im Beckenbereich. Die Haltung und der »Ausdruck« des Hüftbereichs können durchaus arrogant und provokativ sein. Die Haltung des Hüftbereichs kannst Du üben. Den »Ausdruck« der Hüften schulst und entwickelst Du durch Deine Geisteshaltung.

In der Natur ist zu beobachten, daß Wellen immer in einem bestimmten Abstand und Rhythmus erscheinen. Ist eine Welle vorüber, dann entspannen sich die Menschen. Die größte Schnupfenwelle ist nicht im harten Winter zu beobachten, sondern dann, wenn die ersten warmen Sonnenstrahlen zu fühlen sind. Dann ist die »Welle« des Winters vorbei, man erwartet jetzt ein »Tal« der Wärme, entspannt sich und wird, was die Kleidung anbelangt, leichtsinnig.

Ähnliches ist im Gefecht zu beobachten. Dein Gegner ist froh, die »Welle« überlebt zu haben, dadurch, daß er sich zurückziehen konnte. Entweder möchte er jetzt ausruhen oder direkt seinen eigenen Angriff vorbereiten. Er unterstellt Dir nach Deinem Angriff in jedem Fall Entspannung. Wenn Du jetzt trotzdem angreifst, »durchbrichst« Du ein Gesetz der Natur.

Überprüfe einmal folgenden praktischen Gedanken: Du und Deine Konkurrenten, ihr bereitet euch auf eine Messe vor. Die Ausstellung selber ist der allgemein vereinbarte und anerkannte Höhepunkt. Ist die Krone der Welle vorüber, soll es noch zu artiger Nacharbeit kommen.

Mit der Ausstellung ist also der Kamm der Welle erreicht. Und bliebe man im Bild, dann senkt sich jetzt die Welle in ein Tal. In der praktischen Arbeit bedeutet das beispielsweise, daß jetzt mit der Nacharbeit begonnen wird. Wohl kaum werden jetzt in der Werbeabteilung oder in der Entwicklungsabteilung große, hektische Aktivitäten zu spüren sein. Für einige Zeit ist eine gewisse »wohlige Entspannung« zu spüren.

Es ist zu beobachten, wie Fachzeitschriften auf Messetermine hin immer dicker werden, ihren maximalen Umfang dann mit der Mes-

56

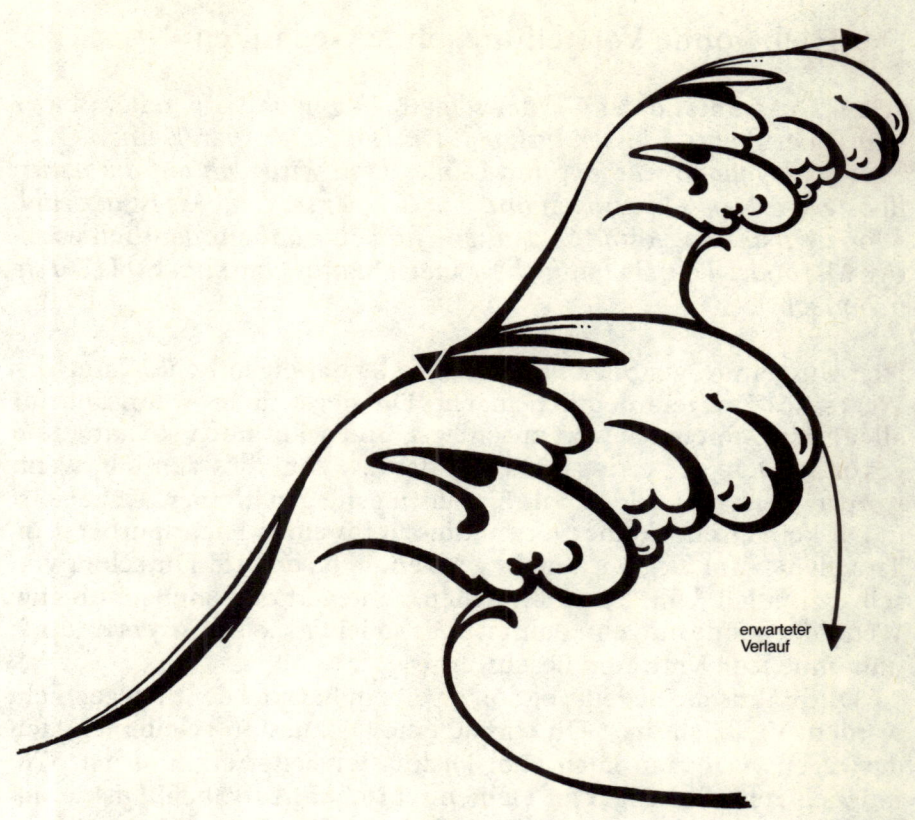

erwarteter
Verlauf

seausgabe haben und dann wieder auf einen dünneren Umfang ab-
magern. Das ist auch »Welle«.

Aus dieser Beobachtung ist ein leichter Vorteil zu ziehen: Durch-
breche das Naturgesetz der Welle und laß direkt eine zweite Welle
folgen! Bringe direkt im Anschluß an die Messe ein weiteres neues
Produkt oder eine Verkaufsförderungsaktion oder eine besondere
Anzeigenkampagne heraus. Wenn in Deinen Handlungen nach einer
Welle nicht das erwartete Tal, sondern eine zweite Welle, eben der
»Doppel-Hüften-Takt«, folgt, dann wirst Du einen bemerkenswerten
Sieg erringen.

Der Hieb »ohne Vorstellung, ohne Gedanken«*

Wenn Du, während der Gegner seinen Hieb noch vorbereitet, selber zum Angriff entschlossen bist, läßt Du Deinen Körper, Deinen Geist zum Schlagenden werden, und Deine Hand wird sich auf die natürlichste Weise beschleunigen und den Gegner treffen. Das ist der Hieb »ohne Vorstellung, ohne Gedanken« und eine außerordentlich wichtige Methode, der man häufig begegnet. Du mußt hart üben, bis Du sie beherrschst.

Hier wird ein Augenblick beschrieben, der das eigentliche Wesen des Weges des Kriegers deutlich macht. Du siegst nicht, wenn Du nur allein mit Deinem Schwert zuschlägst, und sei es noch so heftig und gekonnt. Den Sieg erringst Du erst dann, wenn alles von Dir, wenn Körper, Geist und Schwert als Einheit zuschlagen können. Dabei darf in Dir kein Druck, keine Notwendigkeit für einen Hieb spürbar sein. Trotzdem – am Sieg wird nicht gezweifelt, ja, er wird Dir schier von selbst zufallen. Um das zu verstehen, achte auf den Sonnenaufgang: Wenn die Sonne aufgeht, dann ist das so leicht, so selbstverständlich und ohne jede Kraft und Beschwernis.

Die praktische Bedeutung soll an einem Beispiel deutlich gemacht werden: Vielleicht hast Du einmal eine Diskussion geleitet, einfach deswegen, weil man Dich zum Diskussionsleiter ernannt hat. Womöglich gehört es sogar zu Deinen typischen Aufgaben, Diskussionen und Besprechungen zu leiten. Nun, vielleicht bist Du an dieser Aufgabe des Diskussionsleiters gescheitert, vielleicht empfindest Du die Arbeit des Diskussionsleiters als ungeheuer schwer; Du spürst einen sehr starken Druck in solchen Besprechungen. Nun frage ich: Wieso kann ein Moderator eigentlich an seiner Aufgabe scheitern?

Solange ein Moderator in seiner »moderaten« Rolle bleibt, kann er in seiner Aufgabe nicht versagen. »Moderate« Rolle bedeutet, kein eigenes Ziel zu verfolgen! In dem Augenblick, in dem ein Diskussi-

---

* *Ohne Vorstellung, ohne Gedanken:* japanisch *Munen-musô,* ein buddhistischer Begriff, der den Eintritt in das »Nicht-Ich«, die Loslösung von allen gedanklichen Vorstellungen, beschreibt. Es ist ein Zustand der absoluten Übereinstimmung mit dem Sein; in ihm erreicht das Handeln die vollkommene Natürlichkeit und Spontaneität.

onsleiter ein eigenes Ziel verfolgt, und sei es nur, um »ein positives Ergebnis zustande zu bringen«, wird er einen solchen Druck erleben, der ihn entweder sofort zur Niederlage zwingt oder aber in allen Variationen des Verlustes (Besprechungsergebnis wird nicht realisiert oder boykottiert) die Niederlage spüren läßt.

Genau dasselbe erlebt ein Vorgesetzter oder Chef, wenn er zu einer Besprechung einlädt und die Konferenz mit folgendem Satz eröffnet: »Ich möchte mit Ihnen über die Anschaffung eines Computers beraten, weil mich da natürlich zunächst Ihre Meinung interessiert!« Tatsächlich hat dieser Chef aber seine Entscheidung schon gefällt. Dieser Chef wird in jedem Fall verlieren, selbst wenn sein gewünschter Computer bestellt wird.

Zunächst eine Randbemerkung: Wenn Du Dich für etwas entschieden hast, was realisiert werden soll, dann gib Deine Entscheidung bekannt. Punkt. Niemand verlangt, daß Du Deine Entscheidung rechtfertigst. Du darfst um Verständnis für Deine Entscheidung werben, sie verkaufen, sie erklären. Du mußt das aber alles nicht tun. Nur – es ist blanker Unsinn und unverzeihlicher Hohn, wenn Du Deine Mitarbeiter über eine bereits entschiedene Sache beraten läßt. Wer so Menschen hinters Licht führt, muß zwei Sachen wissen: Zum einen sind Mitarbeiter nicht so dumm, daß ihnen das Gespür für solche Mätzchen fehlt, und zum anderen werden sich die besten Mitarbeiter durch diesen schlechten Arbeitsstil zurückziehen und nicht mehr bereit sein, zur Entwicklung ihrer Firma, Behörde oder Familie beizutragen.

Wenn Du wirklich einen großartigen Sieg erringen willst, weil Du beispielsweise für ein Projekt die beste Lösung suchst, dann sei »ohne Vorstellung, ohne Gedanken«.

Zurück zur Computer-Entscheidung. Denke mit den in Frage kommenden Mitarbeitern (das sind im Zweifelsfall immer mehr, als Du meinst) über dieses Problem nach, und tue alles, damit die beste Lösung gefunden werden kann. Feure Deine Leute an, beschimpfe sie, schmeichle ihnen, laß sie Überstunden machen, gib ihnen die Möglichkeit zu reisen, um mit Anwendern, mit Herstellern und Software-Spezialisten zu debattieren, gib ihnen knallharte Verhandlungsaufgaben, lobe alle guten Ergebnisse und kritisiere geradeheraus, verlange, daß der Jahresurlaub verschoben wird, fordere gegebenenfalls auch die physische Belastung heraus – doch mische Dich nicht mit einer eigenen »Lösung« ein. In diesem Augenblick verkehrt sich der kreative Prozeß ins Gegenteil – Du hast die Schlacht verloren!

Du mußt wissen, daß derjenige – ob als einzelner oder als ganzes Unternehmen –, der den Hieb »ohne Vorstellung, ohne Gedanken« beherrscht, in seinen Handlungen überhaupt nicht vorauszuberechnen ist, daß demjenigen jedes routinierte Verhalten fremd sein kann. Die Handlungen sind darum von höchster Natürlichkeit. Menschen oder Organisationen, die diesen Hieb beherrschen, sind in ihrem Wollen schneller, kreativer und flexibler als andere.

Der Hieb »ohne Vorstellung, ohne Gedanken« ist deswegen so wesentlich, weil er Dir erneut deutlich macht, daß zwar Techniken gekonnt und trainiert sein wollen, daß Deine Überzeugung, Dein Wollen durchdacht und geprägt sein müssen, daß aber wichtiger als all das die Notwendigkeit ist, diese Dinge in Deinem tiefsten Inneren zu versenken.

Zum weiteren Verständnis studiere das Buch der Leere.

Ob der Sieg in einem Gefecht, die Liebe von Menschen oder der Gewinn in einem Unternehmen – immer gelten die Prinzipien des Hiebes »ohne Gedanken, ohne Vorstellung«. Du mußt hart üben, bis Du sie beherrschst.

Der Hieb des »fließenden Wassers«

Der Hieb des »fließenden Wassers« wird angewendet, wenn man mit dem Gegner auf gleich und gleich steht. Sobald er versucht, sich rasch zurückzuziehen, auszuweichen oder beiseitezuspringen, folgst Du ihm mit gesammeltem Körper und gesammeltem Geist und läßt Dein Schwert wie aus einem Stau heraus langsam, aber mit größter Wucht auf den Gegner niedersausen. Wenn Du das lernst, kannst Du ihn mit Sicherheit leicht bezwingen. Es kommt darauf an, daß Du Gewandtheit und Stärke des Gegners richtig einschätzt.

Studiere zunächst die Gewandtheit und wahrscheinliche Stärke Deines Gegners. Das bedeutet, daß Du mit dem eigenen Angriff wartest. Gib aber in der Zeit des Beobachtens keinen Raum frei! In dem

Augenblick, wo Du auch nur das kleinste Anzeichen für Zurück- oder Ausweichen bei Deinem Gegner feststellst, öffne die »Schleusen Deines Angriffs« – und Dein Hieb wird wie aufgestautes Wasser, druckvoll und nicht endend, auf den Gegner niedersausen.

Dieses Prinzip läßt sich übrigens in der Natur sehr genau beobachten. Vielleicht hast Du als Kind – oder jetzt mit Deinen Kindern – einmal an einem Bach einen Staudamm gebaut. Man muß ja nur umherliegende Steine geschickt ineinander verschachteln, Moos, Holzstecken und Lehm hinzugeben, und schon ist zu beobachten, wie sich das Wasser staut. So – und nun nimm einen einzigen Stein aus der Mauer heraus. Dann siehst Du, wie das Wasser sofort in diesen freien Raum eindringt und diesen gemäß dem Gesetz des fließenden Wassers ausfüllt. Mit jedem Stein, den Du entfernst, dringt das Wasser tiefer in die Mauer ein. Übrigens, wenn Du jetzt einen herausgenommenen Stein zurücklegen willst, passiert etwas Eigenartiges: Zwar wird das Wasser in seiner »Position« zurückgedrängt, insgesamt erhöht sich aber die Stauhöhe und damit der Gesamtdruck des Wassers.

Wenn man das so bildhaft ausdrücken will, dann greifst Du mit Deiner Mauer, Deinem Widerstand das Wasser an. Dieses zieht sich natürlich nicht zurück. Zunächst bleibt es an Deiner Mauer dran. Erst später, wenn sich eine Gelegenheit ergibt, wird es die Mauer umfließen. Zunächst aber wird »drangeblieben«, um jede sich bietende Lücke im Widerstand auszufüllen und damit die Mauer zu durchdringen.

Wenn eine Staumauer zusammenbricht, sich plötzlich der Widerstand aufhebt, dann ist zu beobachten, daß das Wasser zwar mit einem Schlag losfließt, daß dabei aber nicht etwa der Eindruck von Tempo oder gar Hektik entsteht, sondern eher von Wucht und Langsamkeit.

Im Kendô ist das tatsächlich zu erfahren und zu üben: Das *Shinai**
kann in seinem Hieb wie der Biß einer Kobra wirken, schnell und plötzlich, oder eben auch in druckvoller Langsamkeit, wobei das unter Umständen von einem Außenstehenden nicht zu unterscheiden ist.

Doch jetzt zum praktischen Nutzen dieser Beobachtung: Du bist

---

* Bambusschwert

in einer Preisverhandlung. Und jetzt lerne, »Wasser« zu sein! Dringe in jedes Nachgeben Deines Gegenübers ein. Sobald er auch nur andeutungsweise ein Zugeständnis, einen Preisnachlaß erkennen läßt, und sei es nur durch Zögern oder Nachdenken, besetze diese Position, fordere nach. Nachfordern, Druck machen, geht häufig schon allein durch Schweigen oder Hinauszögern einer Antwort oder auch in Form eines stummen, fordernden Blickes. Dieses Prinzip des »fließenden Wassers« kannst Du so lange beibehalten, wie Dein Gegenüber zurückweicht. Du brauchst nur nachzusetzen – Dein Gegenüber räumt die Steine der Mauer schon von alleine weg. Wenn die Mauer zusammenbricht, dann fällt Deine Forderung endgültig – wie »aus einem Stau heraus langsam« und mit großer Wucht in das Konzept Deines Gegenübers. So ist Dein Weg, wenn Du Wasser bist.

Wenn Du hingegen Staumauer bist, dann sage ich Dir: Du hast schon verloren, weil keine Staumauer Wasser halten kann. Du darfst niemals Staumauer werden. Die Rettung aus der Situation ist nur der Angriff. Wenn Du also spürst, daß ein Gegner mit dem Hieb des »fließenden Wassers« in Dich eindringen will, dann weiche niemals zurück, sondern führe einen Angriff.

Der umlaufende Hieb

Wenn Du angreifst und der Gegner seinerseits versucht, Dich durch Vor- und Zurückspringen zu attackieren, so triff mit einem Hieb seinen Kopf, seine Arme und seine Beine. Es ist dies eine Schwerttechnik, mit der Du den Gegner in einer einzigen Bewegung an allen Stellen triffst. Deshalb spricht man vom »umlaufenden Hieb«. Du mußt diesen Hieb gründlich üben, denn er wird oft angewendet. Wirklich begreifen wirst Du ihn erst im Gefecht.

Ein Beispiel für die praktische Bedeutung dieses Hiebes liefert die ASB-Unternehmensgruppe aus Ludwigsburg. ASB ist weltweit der größte Hersteller für Blumenerde, mit einem zusätzlichen Programm an Dünge- und Pflegemitteln »rund um die Pflanze«.

Helmut Aurenz, Inhaber von ASB, berichtete einmal in einem Vortrag über die Art, wie ASB in den Flüssigdüngermarkt eindrang . . .

Der gesamte Flüssigdüngermarkt war in den Händen von vier Anbietern. Es war zu beobachten, daß diese vier offensichtlich so stark waren, daß es keinem Neu-Einsteiger bis dahin gelungen war, in diesem Markt Fuß zu fassen. Genau diese Beobachtung war es letztlich aber, die ASB zum Nachdenken über das »Warum« und letztlich zum Einstieg veranlaßte.

Daß es einen sehr großen Markt für Blumen- und Pflanzendünger gab, das war klar. Ob hingegen dieser Markt so wie bisher bedient werden wollte – eben das war genau nicht klar. Denn die vier Großen der Branche boten ihren Dünger sowohl in Blumengeschäften als auch in Fachabteilungen und Drogerien an. Damit wurde ein gravierender Verteilungsfehler deutlich, den ASB schon einmal bei Blumenerde entscheidend ausnutzen konnte.

Die Produktanalyse ergab folgendes Bild: Alle Anbieter füllten ihren Dünger in Viertelliterflaschen ab. Der Herstellungswert betrug etwa 50 bis 70 Pfennig bei einem Ladenverkaufspreis von 2,50 DM bis 3,20 DM. Das entsprach einem Literpreis von etwa 12,– DM. Der Herstellungspreis einer 1-Liter-Kunststoffflasche war allerdings gerade um 3 Pfennig teurer als der einer Viertelliterflasche. Entscheidende Einsparungen am Etikett, bei der Verschlußkappe oder beim Abfüllen ließen sich nicht entdecken.

Alle Überlegungen von ASB schlugen sich letztlich in einem Marketing-Paket nieder, das als »umlaufender Hieb« die gesamte Konkurrenz an »Kopf, Armen und Beinen« traf:

– Der von ASB produzierte Flüssigdünger wurde *nur* in Literflaschen abgefüllt und auf Paletten im Lebensmittelhandel direkt neben der Gemüseabteilung – dort stand schon ASB-Blumenerde – angeboten.

– Der Preis des ASB-Flüssigdüngers lag entscheidend unter dem der Konkurrenz, garantierte aber dem Handel und ASB trotzdem noch eine sehr interessante Rendite. Im Gegensatz zur gesamten Konkurrenz machte ASB für diese Produkte keinerlei Werbung, gab außerdem keinerlei Informationen oder zusätzliche Prospekte heraus, was den günstigen Preis mitrealisieren half.

– Flaschen, Etiketten und Düngemittel wurden in eigenen Werken hergestellt – dem Aurenz-Grundsatz folgend: Begib Dich nicht in fremde Hände.

63

– Letztlich wurde eine Produktlinie dazugekauft und damit das Aus-
scheiden eines der größten Wettbewerber aus dem Markt abgeschlossen.

Heute produziert ASB für ganz Europa 25 Eigenprodukte im Flüssig-
düngerbereich, die von den unterschiedlichsten Unternehmen ver-
trieben werden.

Überlege sorgfältig bei einem Angriff, was bei Deinem Konkurrenten »Kopf, Arme und Beine« sind. Du mußt ihn mit einer einzigen
Bewegung an allen Stellen treffen – also darfst Du in diesem Fall Deine
Maßnahmen nicht nacheinander, nicht gestaffelt durchführen. Du
mußt diesen Hieb gründlich üben.

Der »Stein-Funken-Hieb«

*Bei diesem Hieb mußt Du, nachdem Deine Klinge auf die des Gegners
getroffen ist, blitzschnell, und ohne dein Schwert anzuheben, mit der
äußersten Kraft weiter zuschlagen. Das bedeutet, daß Du dazu in den
Beinen, im Rumpf und in den Armen gleichermaßen kräftig sein
mußt, um diesen Hieb rasch auszuführen. Übe ihn gut, und zwar
immer mehrfach hintereinander.*

Du kennst das, wenn man zwei Flintsteine gegeneinander schlägt:
Dann funkt es! Werden allerdings die Steine mit zuwenig Energie
aufeinandergeschlagen oder wird nur ein Stein bewegt, dann kommt
es kaum zu Funkenschlag. Erst die entsprechende Energie läßt die
gewünschte Wirkung eintreten.

Der Hinweis, daß dazu ein kräftiger Körper gebraucht wird, ist
nicht zu unterschätzen. Gerade im Marketing brauchst Du bei vielen
Aktionen hohe Energie und einen kräftigen »Unternehmenskörper«.
Ein Beispiel, wie der Hieb eingesetzt werden kann, liefert die »Sixt-
Autovermietung« in München.

Nach Presseberichten ging Erich Sixt so vor, daß er mit »Beinen,
Rumpf und Armen« gleichmäßig kräftig die gesamte Autovermie-
tungskonkurrenz angriff …

Beine: Sixt bot einen Mercedes 190 zu einem dramatischen Kampf-
preis an: Er reduzierte den Mietpreis für dieses Auto bis zu
50 Prozent! Die Konkurrenz unternahm keinen Versuch, auf

dieser Schiene mitzuziehen, wozu sie sich auch bei diesem irrsinnigen Preisnachlaß außerstande sah.

Bei einem Preisnachlaß von nur etwa 5 Prozent hätte die Konkurrenz locker nachziehen können, aber unter Umständen noch nicht einmal müssen, denn Sixt spielte bis zu diesem Angriff nur ein geringe Rolle im Markt.

Rumpf: Der Preisvorteil wurde für ein Auto angeboten, das von hoher Attraktivität für den Benutzer war. Mit einem anderen Auto, vielleicht einem Kleinwagen oder einem Mercedes 380 SE wäre das schiefgegangen.

Arme: Die Krönung der Kampagne war dann eine »schiefe Ebene«, auf der sich gut ausrutschen läßt: Sixt bot seinen Mercedes zum »Golfpreis« an. Damit war der Konkurrenz eine »Rechtsanwaltsfährte« gelegt worden, die diese nur zu gern aufgriff. Man versuchte, Sixt den »Golfpreis-Vergleich« verbieten zu lassen. Doch das mißlang.

Faßt man diese Geschichte zusammen, dann blieb zunächst die Konkurrenz gelassen, wenn auch etwas verärgert, vor allen Dingen jedoch erstaunt, weil doch für jeden, der rechnen konnte, klar war: Zu den Preisen kann man ein Auto nicht vermieten, und einen 190 schon gar nicht! Es war also nur eine Frage der Zeit, bis Sixt aufgeben mußte. Außerdem half man mit juristischem Sperrfeuer nach.

Doch dann stellte sich heraus, daß ein juristisches Scharmützel nicht zu gewinnen, der Preis aber immer noch niedrig war – und Sixt immer noch quicklebendig! Doch jetzt war es zu spät. Der Marktanteil liegt inzwischen bei 12 Prozent, und Sixt hat sich im Markt einen stabilen Platz erobert. Von da aus lassen sich weitere Streifzüge in gegnerische Gefilde unternehmen.

Das ist ein Beispiel für die Gewalt des »Stein-Funken-Hiebes«. Beachte noch einmal den wichtigen Hinweis, daß Du kräftig in Beinen, Rumpf und Armen sein mußt! Überprüfe Deine Fähigkeiten vor dem Hieb. Wirst Du angegriffen, dann lasse Dich nicht auf falsche Fährten führen.

Musashi schließt diese Technik mit dem Hinweis ab: *Übe ihn gut, und zwar mehrmals hintereinander.* Im Marketing gilt ähnliches: Setze diese Technik mehrmals hintereinander ein, niemals nebeneinander, also gleichzeitig!

Der »Rotes-Herbstlaub-Hieb«

Der »Rotes-Herbstlaub-Hieb« bedeutet, dem Gegner das Schwert zunächst aus der Hand zu schlagen. Steht der Gegner vor Dir, das Langschwert bereit, um zuzuschlagen, zu treffen oder zu parieren, so schlägst Du entweder mit dem »Stein-Funken-Hieb« oder mit dem Hieb »ohne Vorstellung, ohne Gedanken« mit aller Kraft auf seine Klinge und drückst deren Spitze mit solcher Zähigkeit nach unten, daß der Gegner nicht anders kann, als sein Schwert fallen zu lassen. Je besser Du diesen Hieb übst, desto leichter wirst Du dem Gegner das Schwert aus der Hand schlagen können.

Dieses Beispiel zielt auf eine Anspielung ab, daß derjenige, der in Wut oder Zorn gerät, also »rot« anläuft, dabei die Farbe von Herbstlaub annimmt. Und Du weißt, daß Wut oder Zorn immer ein schlechter Ratgeber sind, daß das Denken und Entscheiden in Wut nie gelingen kann.

Ein Klient erzählte mir bei einer Besprechung – es ging dabei um Marketingaufgaben für ein dazugekauftes Unternehmen –, wie er den Kaufabschluß für dieses Unternehmen durchsetzte ...

»In der Verkäufergruppe war der Sprecher ein Anwalt, der unangenehm, weil unlauter war. Ich studierte ihn genau, da sich der Verhandlungsverlauf über mehrere Treffen hinziehen würde.

Er hatte unter anderem die Angewohnheit, den Verhandlungsbeginn zu ritualisieren: Er packte eine Pfeifentasche aus, wählte umständlich, nach sorgfältiger Prüfung, eine Pfeife aus, entfernte den Pfeifenreiniger, ließ sich einen Aschenbecher reichen, wählte dann aus mehreren Sorten einen entsprechenden Tabak aus, ließ den Nachbarn riechen: ›Woll'n 'se mal schnuppern?‹, beantwortete auch nur zu gern die Frage, wie viele Pfeifen er denn habe, und zündete letztlich mit heftigem Geschmauche seine Pfeife an.

Dieser Mann wußte um die Wirkung des Rituals: Er dominierte mit seinem Pfeifengeruch den Raum, zog eine ihm nicht zustehende Aufmerksamkeit auf sich und signalisierte durch ein »So!« *seinen* Arbeitsbeginn.

Durch das Ergebnis der Studien meiner Mitarbeiter, die an den Verhandlungen teilnahmen, kam ich bei dem Anwalt zu folgendem

Schluß: Körperfülle, Sprechweise und sein Gesamtverhalten ließen vermuten, daß dieser Mann aus der Fassung zu bringen war, sich in Wutsituationen festbeißen und darum weiterverhandeln würde.

Auf diese vermutete Schwäche hin bereiteten meine Mitarbeiter ein Abschlußpapier als Entscheidungsgrundlage vor, das nur aus einer einzigen Seite bestand. Dabei ging es inhaltlich um ganz klare Aussagen, Forderungen und Modalitäten zum Kaufpreis des Unternehmens und zum Übernahmetag.

Als man sich zur dritten Besprechung gemeinsam in den Besprechungsraum begab, setzte sich meine Verhandlungsgruppe hin, die Unterlage wurde sofort verteilt, und während der »Pfeifenstopfer« noch auspacken wollte, begannen wir sofort mit der Entscheidungsdiskussion. Das war wohl tatsächlich eine starke Brüskierung, denn er war sehr überrascht und geriet tatsächlich in Rage, so daß ihm die Zornesröte ins Gesicht stieg. Und wütend, wie er war, stieg er doch tatsächlich in die Verhandlungsdiskussion ein! Das war jedenfalls ein teurer Wutanfall.«

Es geht bei diesem Hieb vor allem darum, dem anderen sein »Schwert« aus der Hand zu schlagen. Das »Schwert« ist mal ein besonders gutes Argument, ein anderes Mal vielleicht eine besonders hohe Leistung, die irgendwann erbracht wurde. Du mußt in jedem Fall dem anderen durch Deinen Hieb den eigenen Hieb unmöglich machen, weil er ja kein »Schwert« mehr in der Hand haben soll. Gibt es für einen Schwertkämpfer eine größere Blamage, als seine Waffe aus der Hand geschlagen zu bekommen? Gibt es für einen Disputanten ein größeres Ärgernis, als ihm sein Hauptargument zu nehmen oder an seiner Selbsteinschätzung zu kratzen?

Nach dem »Rotes-Herbstlaub-Hieb« muß immer ein weiterer, der entscheidende Hieb kommen. Bedenke das sorgfältig, insbesondere deswegen, weil man nicht selten versucht, Dir das Blut ins Gesicht zu treiben.

Der in das Langschwert verwandelte Körper

Oder auch: »Das in den Körper verwandelte Langschwert«. Normalerweise bewegt man gleichzeitig Körper und Schwert, um den Gegner niederzuschlagen. Je nach Haltung des angreifenden Gegners kannst Du jedoch auch zunächst mit dem Körper auf den Gegner eindringen und danach mit dem Schwert. Steht er unbeweglich da, so kannst Du zunächst mit dem Langschwert zuschlagen, grundsätzlich aber solltest Du zuerst mit dem Körper und dann mit dem Schwert angreifen. Du mußt das genau beachten, damit Du diese Methode beherrschen lernst.

Und das ist Dein Nutzen in der Situation des Verkäufers: Es ist zwar grundsätzlich richtig, den persönlichen Einsatz und die eigenen Verkaufstechniken gleichzeitig anzuwenden, es gibt aber Situationen, wo das nicht gilt!
   Führe Dein Verkaufsgespräch zunächst immer aus Deiner inneren Überzeugung heraus und erst in zweiter Linie mit Techniken. Bleibt Dein Gesprächspartner allerdings unbeweglich, dann kannst Du zunächst mit einer Technik das Gespräch eröffnen und ihm somit einen Weg der Reaktion vorschlagen.
   Grundsätzlich solltest Du immer mit Deiner inneren Überzeugung ein Gespräch führen und erst zweitrangig angewandte Techniken einsetzen.
   Eilen Dir Deine Verkaufstechniken voraus, sind diese sogar geschulter als Deine Geisteshaltung, wird der Einkäufer Dich mit Deinen Techniken oder wegen Deiner Geisteshaltung schlagen. Bekennst Du Dich in Deiner gesamten Haltung zu Deinem Wollen und erkennst Du das Wollen des Kunden an, wirst Du »an-erkannt«: Deine Sympathiequote steigt, und Deine ohnehin vorhandenen Techniken werden noch wirkungsvoller. Diese Gedanken nutzen Dir besonders bei langfristigen Kundenbeziehungen.

Hieb und Streich

Hieb und Streich sind zwei verschiedene Dinge. Den Hieb, gleich welcher Art, führt man mit voller Entschlossenheit und in der Absicht, zu einer Entscheidung zu kommen. Der Streich hingegen ist nur wie ein zufälliges Treffen des Gegners. Und legst Du auch so viel Kraft hinein, daß der Gegner dadurch tot umfällt – es war doch nur ein

Streich. Beim Hieb dagegen bist Du innerlich dazu entschlossen. Das muß Du gut durchdenken. Hat Dein Streich die Arme oder Beine des Gegners getroffen, so bedeutet das im Hinblick darauf, daß Du den entscheidenden Hieb noch zu führen hast, nicht mehr als ein bloßes Berühren. Bei guter Übung wirst Du den Unterschied erkennen. Bemühe Dich darum.

Nimm einmal folgendes an: Jemand macht sich mit einem Unternehmen selbständig. Zu seiner vorbereitenden Arbeit gehört auch die Planung und Aufstellung eines Werbebudgets. Sein kleines Unternehmen beginnt zu arbeiten, die Werbekampagne greift, und innerhalb kürzester Zeit hat dieses Unternehmen außergewöhnlich viel Erfolg. Der Erfolg ist höher als geplant und tritt dazu auch noch früher ein. Und nun macht dieser junge Unternehmer folgendes: Er stoppt die geplanten Werbeaufwendungen – ist doch der Erfolg viel früher und viel deutlicher eingetreten. Vernünftigerweise sagt er sich: »Warum soll ich das ganze Geld ausgeben, ich habe ja jetzt schon Erfolg.«

Der junge Unternehmer trat an, um einen Hieb zu führen. Doch er hat nur einen Streich ausgeführt. Mag sein Erfolg noch so überwältigend sein.

Damit ein Hieb ein Hieb bleibt, damit aus diesem geplanten Hieb auch ein wirklicher Hieb geworden wäre und nicht nur ein Streich, hätte das geplante Werbebudget ausgegeben werden müssen.

Das geplante Wollen umzusetzen hat zwei Wirkungen: Zum einen ist ein überproportionaler Erfolg immer leichter auszugleichen als der Mißerfolg (nur keine Angst vor dem Erfolg!), und zum anderen weißt Du erst durch Dein Wollen, ob ein Erfolg echt ist oder vielleicht nur eine Täuschung. Vergleiche das bitte mit einer bekannten Situation beim Bergwandern: Du gehst auf einen Gipfel zu, denkst, es geschafft zu haben, doch nach Erreichen türmt sich danach noch ein Gipfel auf. Das Ganze kann sich mehrmals wiederholen. Ein erfahrener Bergwanderer weiß dagegen, wann oben oben ist.

Ein zweiter Gesichtspunkt bei Hieb und Streich ist die Tatsache, daß ein »Problem« nach einem Streich weiterleben kann. Dein Sieg, also Deine Problemlösung, wäre dann nur ein Trugschluß. Das Problem kehrt wieder. Überprüfe unter diesem Aspekt wiederkehrende Probleme in Deiner Arbeitswelt.

69

Und ein dritter Gesichtspunkt: Es kann passieren, daß Dich ein negatives Erlebnis »trifft«. Häufig reagiert man so, als sei man von einem Hieb getroffen – dabei war es nur ein Streich. Erlebst Du etwas als ehrliche Niederlage, dann traf Dich ein Hieb. Empfindest Du den Treffer als Treffer in Deine »Vitalität«, dann zürne weder Dir noch dem Gegner, sondern sammle Deine Gedanken.

Lerne bei Deiner Arbeit zu unterscheiden, ob das, was Du durchführst, der gewollte Hieb ist oder nur ein Streich. Und lerne ebenso zu unterscheiden, ob Du von einem Hieb getroffen wurdest oder ob Dich nur ein Streich berührte. Schule Deine Urteilskraft für beide Seiten.

Die Haltung des »chinesischen Affen«

Die Haltung nach Art des »chinesischen Affen«* ist eine Kampfstellung, bei der man die Arme angelegt läßt. Man geht, ohne die Arme auch nur im geringsten auszustrecken, auf den Gegner zu, und bevor dieser zuschlagen kann, ist man an ihm. Normalerweise ist man, wenn man daran denkt, die Arme auszustrecken, noch weit voneinander entfernt. Lasse diese Vorstellung fallen, und stürze mit geschlossenem Körper auf den Gegner zu. Seid ihr euch bereits auf Reichweite nahe gekommen, ist es um so leichter, auf diese Weise an ihn heranzukommen. Das mußt Du oft versuchen.

Die Bedeutung des chinesischen Affen wird erst durch die körperliche Konfrontation deutlich. Wenn Du mit vorgestrecktem Schwert auf Deinen Gegner zugehst oder zurennst, dann ist das schon beeindruckend. Das kann auch unter Umständen richtig sein – wenn Du ihn erschrecken willst. Doch achte einmal auf die Hand-Arm-Situation: Im rechten Bild erkennst Du, daß durch die gestreckten Arme fast keine Bewegung mehr möglich ist. Die »Bedrohung« kann also gar nicht mehr in eine Handlung umgesetzt werden!

Anders bei der Haltung des »chinesischen Affen«. Der Krieger auf dem linken Bild wirkt längst nicht so bedrohlich wie auf dem rechten

---

* Nach einer Enzyklopädie aus dem japanischen Mittelalter soll es sich um einen Kurzarmaffen handeln, der in China beheimatet ist.

Die günstige Haltung des Chinesischen
Affen: Die anliegenden Arme erhalten die
volle Bewegungsfreiheit für den Krieger.

Die ungünstige Haltung des Chinesischen
Affen: Sie sieht zwar bedrohlich aus,
läßt aber keine wahre Gefahr erwachsen.

Foto. Doch Du erkennst jetzt im Vergleich, daß hier eine maximale
Bewegungs- und somit Angriffsmöglichkeit gegeben ist.

Nimm doch jetzt bitte ein großes Lineal, einen Stock oder einen
Besenstiel in die Hand und vollziehe direkt die gezeigten Positionen
nach. So wirst Du sofort empfinden – und damit auch besser verstehen –, welche Bedeutung in der Bewegung steckt.

Doch was bedeutet das nun in Deiner täglichen Arbeit?

Nimm einmal an, Du willst einen neuen Markt erobern. Greifst
Du diesen Markt in der Position des rechten Bildes an, sieht das zwar
sehr bedrohlich aus, Du wirst vielleicht Konkurrenten erschrecken
und Kunden beeindrucken – aber in Deinen Aktionen und Reaktionen bist Du eingeschränkt. Jede Anpassung an veränderte Situationen
wird schwer. Du mobilisierst zu viele Abwehrenergien Deiner Gegner.

Hier wird die ausgestreckte Armhaltung in bezug auf einen möglichen Gegner gezeigt, der zusätzlich die gleiche Position einnimmt. Deutlich wird, daß es nur noch zwei Möglichkeiten gibt: entweder zurücknehmen der Angriffshaltung oder ein sprungähnlicher Angriff nach vorn. Würden die Arme ihre Haltung nicht mehr ändern, könnte nur noch »gestochen« werden.

In der »Haltung des Chinesischen Affen« (ein abgesenktes *Hasso-no-Kamae*) ist der Raum zwischen den beiden Kriegern groß und offen. Dadurch können sich beide »frei« bewegen.

72

Greifst Du in der Position des linken Bildes an, also in der Position des »chinesischen Affen« mit angelegten Armen, wirst Du natürlich niemanden erschrecken oder beeindrucken. Darum werden Dich Deine Konkurrenten unterschätzen, zu spät reagieren. Zusätzlich kommst Du dichter an die gewünschte Situation heran, kannst tiefer in andere Territorien eindringen. Und das wichtigste ist: Du behältst alle Deine Möglichkeiten der Bewegung für Dich.

Die »Lack-und-Kleister-Technik«*

Bei dieser »Lack-und-Kleister-Technik« kommt es darauf an, am Gegner zu »kleben« und sich nicht von ihm zu trennen. Wenn Du an den Gegner herankommst, bleibe mit Kopf, Rumpf und Beinen eng an ihm. Die meisten neigen dazu, sich entweder mit dem Kopf oder mit den Beinen an den anderen heranzuarbeiten, den Rumpf aber lassen sie nachhängen. Du solltest so nahe wie möglich am Gegner sein, damit keine Lücke zwischen euren beiden Köpfen ist. Bedenke das sorgsam.

Wenn es heißt, »den Rumpf aber lassen sie nachhängen«, dann ist damit das Verschenken der eigenen Stärke gemeint. Die Weisheit dieser Aussage wird zum Beispiel im Verkauf deutlich. Egal ob man an einen einzelnen konkreten Verkäufer oder an eine Verkaufsorganisation oder gar an den Umgangsstil eines Unternehmens mit seinen Kunden denkt – das Bild bleibt immer gleich.

Es gibt die einfache, für jedermann zu überprüfende Feststellung, daß zu viele Verkäufer nicht mit »Leib und Seele« am Kunden sind. Zu viele Verkäufer bringen sich in Wahrheit gar nicht ein, sind vielleicht Auftragsabholer oder Warenverteiler. Sie versprechen irgendeine Leistung des Produktes (Kopf) oder irgendeine Servicebereitschaft des Unternehmens (Beine), aber wollen im Grunde mit dem »Verkaufen« wenig zu tun haben und lassen darum ihren Rumpf, ihre wahre Stärke, nachhängen, was oft mit Preisnachlässen bezahlt wer-

---

* Auch der für die berühmten japanischen Lackarbeiten verwendete Rohstoff ist klebrig wie Kleister. Die Doppelung der Begriffe ist verstärkend gemeint.

Beide Kämpfer stehen in zu weitem Abstand mit hängenden Körpern zueinander.

Jetzt besetzen beide den richtigen »Raum«.

den muß. Die Nachteile wiegen doppelt schwer: Der Kunde wird ungenügend beraten, fühlt sich zu Recht nicht ernstgenommen, und das Unternehmen kann nur weniger verkaufen!

Aus der »Lack-und-Kleister-Technik« lassen sich zwei Konsequenzen ziehen. Zunächst für den Verkäufer: Wenn Du an einem Kunden

74

bist, dann bringe Dich ganz ein, bleibe an ihm dran – Dein Selbstverständnis als Verkäufer muß regelrecht sichtbar sein. Das bedeutet, daß Deine Beine bewußt den Rumpf tragen und daß darauf der Kopf entspannt ruht. Aus dieser Position kann jetzt ruhig und direkt Deine verkäuferische Arbeit erfolgen. Wenn der Eindruck entsteht, daß Du nicht »an der Sache bist«, wenn Du sogar dazu neigst, Dich rauszuhalten, dann wird in diese entstehende Lücke die Konkurrenz eindringen. Für den Käufer bedeutet diese Technik: Wenn Dir ein Verkäufer begegnet, der sich so »raushält«, dann nutze seine Schwäche! Von solchen Verkäufern kannst Du immer Zugeständnisse, vor allem im Preis, erwarten, denn sie sehnen sich ja nur danach, aus der Situation herauszukommen!

Die »Langer-Bambus-Methode«

Die Methode des »langen Bambus« meint, Du sollst, wenn Du bei irgendeiner Gelegenheit an den Gegner herangekommen bist, Deinen Körper nicht krümmen, sondern Dich so strecken in Beinen, Hüfte und Hals, daß ihr euch von Angesicht zu Angesicht gegenübersteht. Mehr noch – Du mußt Dich so aufrecken, daß Du sicher bist, du besiegst ihn; dann schlage zu. Das rate ich Dir zu lernen.

Sich klein machen und krümmen ist eine eindeutig falsche Haltung.

Wie verhält sich das Kornfeld, wenn ein Sturm über die Halme herfegt? Der Halm biegt sich, aber er krümmt sich nicht. Biegen ist deswegen eine Tugend, weil es die Voraussetzung zum Sieg ist. Es ist ein Naturgesetz, daß jeder Sturm vorübergeht. Seine Gewalt ist vorübergehend, denn Sturm ist kein Dauerzustand. Du besiegst Sturm nicht durch Trotz, sondern durch die richtige Form der Anpassung.

So auch Dein Verhalten im Markt: Bricht ein Konkurrent wie ein Sturm über Dich her, so »krümme« Dich nicht, sondern biege Dich in der Notwendigkeit, um bei Nachlassen sofort zurückzuschnellen. Gib nicht im Preis nach, sondern reagiere mit Mehrnutzen, gib nicht nach im Sinne von »auf-geben«, sondern eher im Sinne von Schwung nehmen.

Krümmen, sich klein machen, erhöht für Deinen Gegner die Trefferchance. Biegen und Strecken, sich lang machen wie der Bambus, also auch das Gefecht mit dem Konkurrenten im Markt suchen, ohne sich zu verstecken, das ist die Langer-Bambus-Methode.

Mit Zähigkeit Klinge auf Klinge

Wenn der Gegner gleichzeitig mit Dir angreift und er Dein Langschwert pariert, so presse Deine Klinge mit Zähigkeit gegen die seine, indem Du Dein Körpergewicht hineinlegst. Mit dieser Technik der Zähigkeit soll ein leichtes Trennen der Klingen verhindert werden, weshalb Du nicht allzu kräftig drücken darfst. Ist es dann so weit, daß Du aus dieser Position auf den Gegner eindringen kannst, darfst Du den Druck nur ganz allmählich vergrößern. Zwischen Zähigkeit und »gegenseitiger Verstrickung« besteht ein Unterschied. Zähigkeit heißt Stärke, sich verstricken zu lassen ist Schwäche. Dessen mußt Du Dir bewußt werden.

Um den praktischen Sinn zu verstehen, ist es gut, wenn Du Dir jetzt zwei »Schwerter« suchst. Das können auch zwei Kugelschreiber sein. Drückst Du nun die beiden Schwerter gegeneinander, dann spürst Du schnell, welche Bedeutung in dem vorgenannten Text enthalten ist.

Erhöhst Du den Druck des einen Schwertes, kann das andere mit Leichtigkeit abgleiten und sich damit befreien.

76

Zunächst, bei gleichmäßigem Druck beider Schwerter zueinander, können sie sich tatsächlich schwer trennen. Erst dann, wenn ein Schwert seinen Druck übermäßig erhöht, kann das andere Schwert abgleiten, kann sich befreien. Oder anders empfunden: Wenn sich der Druck des einen Schwertes überstark erhöht, wird das andere Schwert immer versuchen, sich vom Druck des gegnerischen Schwertes zu befreien. Befreien heißt ja auch, die bessere Position für einen neuen Angriff zu suchen. Zähigkeit ist dann eben wie Leim zu verstehen: Es soll nicht die Möglichkeit gegeben sein, sich zu trennen.

Die richtige Zähigkeit, das heißt der richtige Druck, läßt im Gegner immer das Gefühl zu, er könne das Gefecht noch zu seinen Gunsten entscheiden.

Wenn Du also mit Deinem Gegner gleich auf gleich bist, eure Schwerter sich überkreuzt haben, dann achte Du auf den richtigen Druck, der so sein muß, daß Dein Gegner noch an die positive Entwicklung glaubt, sich nicht befreien will und auch nicht kann. Nutze Du dann seine eventuelle Druckerhöhung, um Dich von ihm zu befreien.

Ein Kendôjin erteilte mir einmal eine Lektion in praktischer Anwendung von »Mit Zähigkeit Klinge auf Klinge«. Er hatte die Angewohnheit, ein Eindringen des Gegners in seinen Nahbereich scheinbar zuzulassen. Hatten sich die Schwerter gekreuzt, so daß die

Fäuste den Raum vor der Brust ausfüllten, war sein Druck auf meinem Schwert so, daß ich diesen Druck natürlich gut ausgleichen und selber erhöhen konnte. Der Druck beider Schwerter zueinander stieg. Plötzlich nutzte der Kendojin die druckvolle Situation, stützte sich auf meinem Schwert ab und sprang zurück. In diesem Augenblick der »Befreiung« war ich für einen kurzen Moment froh, aus dieser schwierigen Lage entkommen zu sein – die Entspannung und Fehleinschätzung bestrafte der Kendojin mit einem blitzschnellen Men-Schlag (Kopfschlag).

An diesem Beispiel wird nicht nur die Bedeutung von »Mit Zähigkeit Klinge auf Klinge« deutlich, sondern auch ein ganz anderer Sachverhalt: Es macht überhaupt keinen Sinn, jetzt die Fertigkeit des »Druckmachens« zu üben. Immer wieder würde das Ergebnis des Gefechtes gleich sein. Nur der Wechsel des Kampfstils kann zu einer Lösung führen.

Die Kunst des Druckmachens, ohne dem Gegner die Möglichkeit des Vorteils einzuräumen, kann in verschiedenen Situationen angewandt werden: So kann man einen Preisdruck so »normal« hoch halten, daß der Mitbewerber keinen Vorteil durch Preissenkung erkennen kann. In einer anderen Situation trägst Du in einer Diskussion Deine Argumente so vor, daß Dein Gegenüber maximal in schweigender Gereiztheit zuhört und möglichst lange zögert, um seinen Widerspruch vorzutragen.

In einer anderen Form der Preisverhandlung kannst Du so vorgehen: Du forderst ständig eine Senkung des Preises oder ein anderes Nachgeben. Zu einem bestimmten Zeitpunkt stellst Du unvermittelt Deine Forderungen ein, erhöhst also nicht weiter Deinen Druck. Du kannst dann darauf warten, bis sich auf dem Gesicht Deines Gegenübers Entspannung breit macht – Dein Augenblick für Zurückspringen und Zuschlagen ist gekommen.

Wesentlich ist, ob Preiskampf im Markt oder Diskussion mit anderen, sich am Gegendruck »abzustoßen«, um daraus einen neuen Vorteil zu ziehen bzw. sofort eine andere Kampftechnik zu wählen.

Bedenke immer, daß im Augenblick der Druckbefreiung sich das Gefühl der Erleichterung einstellen kann. Du mußt diesen Augenblick der Täuschung einkalkulieren: bei anderen, um zu siegen, bei Dir selber, um nicht zu verlieren.

78

Der Körperstoß

Der Körperstoß bedeutet: Du springst den Gegner von vorn an und rammst ihn mit Deinem Körper. Du drehst Dein Gesicht ein wenig zur Seite, schiebst die Schulter vor und stößt sie in die Brust Deines Gegners. Dazu gehört, daß Du mit größtmöglicher Kraft und in einem Rhythmus mit Deinem Atem losspringst wie fortgeschnellt. Wenn Du die Technik eines solchen Ansprungs beherrschst, wirst Du genügend Wucht haben, um den Gegner zehn bis zwanzig Fuß weit zu schleudern. Es kann sogar vorkommen, daß Du so heftig auf ihn triffst, daß er tot umfällt. Übe das gut.

Wenn Du im Wettbewerb Deinen ganzen Körper als Waffe beim Körperstoß einsetzen willst, dann erfordert das die Beherrschung des gesamten Körpers. Es ist notwendig, daß Du jeden Muskel auf das Ziel hin einsetzen und steuern kannst. Allein dann kommt es zu dieser Wucht.

Nicht anders geht es mit Deinem eigenen Unternehmen. So wie der Kämpfer sich seines *ganzen* Körpers sicher sein muß, ihn ständig trainiert und weiter ausbildet, so muß auch jede einzelne »Faser« Deines Unternehmens trainiert und ausgebildet sein. Es ist einfach notwendig, daß Du Dir Deines eigenen Unternehmens in all seinen Fasern sicher sein mußt. Eine einseitige Prägung des Unternehmens kann tödlich sein. Doch viel schlimmer als eine einseitige, positive Prägung eines Unternehmens ist die Unterschätzung eines Bereiches. Wer in seinem Unternehmen Schwächen zuläßt, schafft Arbeitsplätze für potentielle Umsatzvernichter!

Die verläßliche Wucht Deines Unternehmens hängt vom Rhythmus des gesamten Organs ab. Es ist möglich und wohl auch sinnvoll, die Spannung, das rhythmische Spiel in einem Körper mit einem Unternehmen in Gleichklang zu setzen. Wenn alle Mitarbeiter, alle Führungskräfte, alle Abteilungen, jeder mit dem Gespür für das Notwendige ausgestattet, sich im gleichen Rhythmus im Markt verhalten und bewegen, dann hat die Konkurrenz keine Chance. Doch wehe, es hinkt ein (Körper)teil hinterher.

Leg dieses Buch jetzt einmal weg, und betrachte Dein Unternehmen genau unter dem Gesichtspunkt der Fragen: »Könnte ich damit einen Körperstoß ausführen?« und »Wo sind die schwachen Teile meines Körpers?«

Der Stich ins Gesicht

Ins Gesicht stechen, das heißt: Wenn ihr, also Du und der Gegner, mit dem Langschwert auf gleich und gleich steht, solltest Du unablässig versuchen, mit der Klinge auf sein Gesicht zu zielen. Auf diese Weise wirst Du ihn dazu veranlassen, daß er Gesicht und Körper zur Seite wendet, und tut er das, dann hast Du verschiedene Möglichkeiten, ihn zu bezwingen. Das mußt Du einplanen. Immer wenn im Gefecht der Gegner seinen Körper abwendet, hast Du ihn bereits so gut wie besiegt. Du darfst also nicht vergessen, nach seinem Gesicht zu stechen. Vervollkomme diese vorteilhafte Technik durch stete Übung.

Man fragt sich doch manchmal, warum es zu geradezu klassischen Fehleinschätzungen durch ein Management kommen kann. Wieso beispielsweise eine Branche, trotz bekannter und für jedermann zugänglicher Informationen, nicht oder zu spät oder falsch reagiert. Der Grund ist der »Stich nach dem Gesicht«.

Nimm einmal an, jemand sticht mit seiner Schwertspitze ständig in Richtung Deines Gesichtes. Das ist schließlich sehr gefahrvoll und äußerst unangenehm. Deine Reaktion wird sein, das Gesicht abzuwenden. Was machen wir denn anderes bei besonders unangenehmen Nachrichten, Informationen und Eindrücken: Wir wenden uns ab! Wir reagieren wie Kleinkinder, die sich die Augen zuhalten, um nicht das zu sehen, was da ist.

Manager unterliegen derselben Gefahr, daß sie bei ihnen unangenehmen Eindrücken oder Informationen wegsehen. Es steht zu befürchten, daß mit zunehmender Gefahr, mit übermächtiger Bedrohung, kombiniert mit Ohnmachtsgefühlen des Nichts-tun-Könnens, die Wahrscheinlichkeit des Abwendens zunimmt, statt hinzusehen, zu beobachten, Schlüsse zu ziehen und endlich zu reagieren.

Nimm nur einmal als Beispiel das Waldsterben. Da wird einfach weggeguckt und verdrängt. Das bestehende Problem wurde nicht auf seine Chancen hin untersucht, sondern vor lauter Angst um die Hand-

lungsrisiken konnte sich das Hauptrisiko dramatisch weiterentwik-
keln. Was wäre denn schon passiert, wenn alle PKWs um etwa 1600
DM teurer geworden wären? Politik scheint ohnehin ein Feld zu sein,
wo die Angst vor dem Handlungsrisiko größer ist als die Angst vor
dem Ursachenrisiko.

An diesem Punkt ist vielleicht am ehesten auch der wesentlichste
Unterschied zwischen europäischen, amerikanischen und japanischen Managern festzumachen: Bei Gefahr sehen die Europäer viel
stärker die Risiken in einer Sache, während Amerikaner und Japaner
eher dazu neigen, die Chancen in derselben Sache zu sehen und zu
suchen!

Wer den Weg des Schwertes geht, der hat die Reife, sich existenzbedrohende Nachrichten offenen Ohres anzuhören. Er wird diese Informationen kritisch prüfen und sie auf die Chancen untersuchen. Reihe
Du Dich nicht in das Gejammer und Gewäsch derjenigen ein, die
immer und überall die schlimmen Signale sehen und denen dann
nichts Dümmeres einfällt, als nach dem Staat zu rufen!

Der Stich nach dem Herzen

*Der Stich nach dem Herzen bedeutet die Möglichkeit, den Gegner
auch dann anzugehen, wenn Du im Gefecht sonst auf keine Weise,
weder von oben noch von unten, noch von den Seiten her, ihm
beikommen kannst. Es ist dies die Technik, das Langschwert des angreifenden Gegners dadurch abzulenken, daß Du ihm den Rücken
Deiner senkrecht gehaltenen Klinge zukehrst und ihm ihre Spitze
durch einen sicheren Zug von unten herauf in die Brust bohrst. Diese
Technik ist vor allem dann angebracht, wenn man erschöpft ist oder
aus einem anderen Grunde keinen Schlag mit dem Langschwert führen kann. Deshalb solltest Du sie gut beherrschen, um sie anwenden
zu können.*

Betrachte die Haltung des Schwertes einmal aus der Sicht des Gegners. Du erkennst einen erschöpften Kämpfer, der keinen angriffslu-
stigen Eindruck macht, der sein Schwert »hängen« läßt und dem
Gegner die stumpfe Seite des Schwertes zeigt. Das ist nicht das Bild

81

Weil der linke Krieger sein Schwert »hängen« läßt, meint der rechte Krieger, eine Gelegenheit zu erkennen – und greift an. Doch es handelt sich um eine Falle: Der linke Krieger greift in Wirklichkeit nach der Methode »Stich nach dem Herzen« an. Er reißt sein Schwert von unten her hoch.

Von diesem Kendōjin geht scheinbar keine Gefahr aus. Er wirkt erschöpft. Sein Schwert »hängt« und zeigt Dir die stumpfe Seite.

Mit kräftigem Körpereinsatz, leicht nach unten und vorne fallend, steigt die Schwertspitze. Aus dieser augenblicklichen Position könnte sie auch unter eine Rüstung dringen.

Bis zum Stich ist noch keine Sekunde vergangen. Der rechte Krieger hat das Gefecht verloren. Sitzt allerdings diese Technik nicht, würde im nächsten Augenblick der linke Krieger mit einem Men-Schlag tödlich getroffen.

einer großen Bedrohung, so sieht ein Kämpfer aus, der jeden Augenblick zu besiegen ist – denkt Dein Gegner.

Dieser Eindruck kann zur Täuschung werden. In dem Augenblick, wo Dein Gegner Deine Schwäche zu erkennen glaubt oder sich ihrer so gut wie sicher ist, hat er eigentlich schon verloren. Er wird nicht wachsam genug sein, und Dein Angriff, von unten herauf, unter die Rüstung in sein Herz, wird Dir den Sieg bringen.

Auch wenn Du sehr erschöpft bist: Es erfordert höchste Konzentration, das Schwert zu senken, um aus dieser Position der Schwäche, gepaart mit der falschen Siegesgewißheit des Gegners, noch zu gewinnen.

Wenn Du mit Deinem Unternehmen in größte Not, in starke Bedrängnis geraten bist, kann der »Stich nach dem Herzen« hilfreich sein. Wenn Dein Konkurrent Dich so in Bedrängnis gebracht hat, daß Du verzweifelt bist und keinen Ausweg mehr siehst, dann ist der Augenblick gekommen. Wähle eine Maßnahme, die in ihrer Wirkung so gewaltig ist, daß Du entweder sofort aus der Bedrängnis kommst oder aber das Gefecht verlierst.

So eine Maßnahme muß allein auf den Lebensnerv des Konkurrenten abzielen. Es kann also nicht darum gehen, irgendwo ein Scheingefecht zu führen oder vielleicht einen netten Achtungserfolg zu erzielen.

Entscheidende Maßnahmen könnten sein: Radikale Änderung in der üblichen Geschäftspolitik, zum Beispiel Aufgabe eines sehr wissenschaftlichen, zurückhaltenden Stiles, der durch freches Verhalten ersetzt wird; schlagartiges Erhöhen der Produktivität mit gleichzeitiger Überschwemmung eines Marktes; Abwerbung der entscheidenden Mitarbeiter der Konkurrenz, insbesondere aus Marketing und Forschung; Kauf eines gesunden Mitbewerbers bzw. Kauf des Hauptkonkurrenten.

Für alle Maßnahmen gilt, daß sie schnell und kreativ ausgeführt werden müssen. Die zu wählenden Maßnahmen sind nicht genauer zu beschreiben, haben aber vom Charakter her eine Menge mit »sich selber aus dem Sumpf ziehen« zu tun. Wenn der Augenblick gekommen ist – und bis dahin muß eine ganze Menge passiert und müssen viele Deiner Hiebe wirkungslos geblieben sein –, spürst Du, wie der Stich nach dem Herzen auszuführen ist.

Die Beschimpfung

Wenn Du angreifen und den Gegner in die Enge drängen willst, dieser aber seinerseits angreift, so hebe Dein Schwert von unten her und schlage auf ihn ein. In raschem Rhythmus reißt Du das Schwert hoch und schreist: »He!!!«, schlägst zu und schreist: »Ho!!!« Dergleichen begegnet man in Gefechten häufig. »He! Ho!« ist gleichzeitig mit dem auf den Gegner zielenden Hochheben der Schwertspitze oder dann herauszuschreien, wenn das Schwert oben ist. Das mußt Du durch wiederholte Übungen lernen.

Zunächst: Mit dem Schlag des Schwertes erfolgt in der Regel auch ein Schrei, *Kakegoe* genannt. Hier wird aber davon geredet, bereits beim Hochreißen der Schwertspitze das *Kakegoe* anzuwenden und somit auch auf den Gegner einzudringen. Du stürzt Deinen Gegner kurzfristig in Verwirrung, weil an sich alle Signale auf Angriff hindeuten, es aber zu keinem Treffer kommt.

Ein schulmäßiges Beispiel für die Wirkung der Beschimpfung war in der Fernsehdiskussion nach den NRW-Wahlen '85 in dem Wortgefecht zwischen Willy Brandt und Helmut Kohl zu erleben.

Im ersten Schritt wird die Routine aller Beteiligten ausgenutzt. Am Ende der üblichen, in ihren Aussagen und ihrem Verlauf bekannten Sendung, wenn sich innere Langeweile breitmacht, weil ja alles gelaufen ist, also in den letzten zwei Minuten, wird der geplante Angriff gestartet!

In diesem Wortgefecht griff Brandt Kohl so an, daß dieser mit dem Vorwurf des Antiamerikanismus zurückschlug. Damit war der zweite Schritt getan. Kohl erkannte einen vermeintlichen Angriff und stellte sich argumentativ dem Vorwurf.

Im dritten Schritt kam es jetzt zur taktisch gewollten und möglich gewordenen Beschimpfung Kohls durch Brandt. Dieser reduzierte seine Attacke, sein »He! Ho!«, auf ständiges Auf-den-Tisch-klopfen und die Wiederholung des Vorwurfs: Alles Lüge!

Nachdem Kohl auf die Beschimpfung nicht reagieren konnte – er hielt das ja wohl für einen Angriff –, bemühte er sich verstärkt um eine argumentative Auseinandersetzung. Jetzt war der Boden für den eigentlichen Angriff vorbereitet: Heiner Geißler wurde mit Goebbels verglichen! Jetzt erst war die eigentliche Aussage raus, das Gefecht hatte seinen Abschluß (?) gefunden.

Wenige Augenblicke später war zu sehen, wie sich Brandt lächelnd Kohl zuwendete und ihm noch eine »Information« zusteckte. Für mich der Beweis für die geplante Attacke der Beschimpfung.

Studiere die vier Schritte zur Beschimpfung genau!

Die Aufprall-Technik

Bei der Aufprall-Technik mußt Du, wenn im Gefecht beide Schwerter klirrend gegeneinanderschlagen, dem auf Dich eindringenden Gegner beim Aufprallen Deines Schwertes auf das seine gleich einen Gegenschlag versetzen. Dabei geht es nicht einfach um ein starkes Aufprallen oder Parieren. Vielmehr mußt Du genau in Erwiderung des gegnerischen Angriffs den Aufprall führen, um den Gegner dann im unmittelbaren Anschluß an einen Aufprall niederzuschlagen. Wichtig ist, daß Du Dir durch das Aufprallen zunächst einen Vorteil verschaffst und schließlich unter Ausnutzung dieses Vorteils endgültig zuschlägst. Bist Du in Deinem Aufprallrhythmus geschickt genug, kann der Gegner noch so kräftig zuschlagen, denn deine Schwertspitze wird dann – trotz des Aufpralls – nicht herunterzubringen sein. Das übe gut, um es zu begreifen.

Achte auf den Satz: »Dabei geht es nicht einfach um ein starkes Aufprallen oder Parieren.« Auch in der »Aufprall-Technik« wird an Deinen unabdingbaren Siegeswillen appelliert. Grundsätzlich ist nämlich »Parieren« viel zu wenig, weil es in letzter Konsequenz immer den Verlust bedeutet.

Folgende Situation: Ein Reporter fragt einen Fußballtrainer vor einem Spiel, welches Ergebnis sich dieser erhoffe. Der Trainer antwortet: »Bei dem starken Gegner wäre ich schon mit einem Unentschieden zufrieden.« Es ist klar, mit welcher Motivation Trainer und vor allem Mannschaft in das Spiel gehen: Man will nicht verlieren, man will parieren; doch kann diese Mannschaft auch gewinnen? Zufällig ja, aber nicht im Sinne eines gewollten Sieges. Die Konsequenz aus der Geschichte: Sagt ein Trainer vor einem Spiel, er wäre mit einem

Unentschieden oder einer knappen Niederlage zufrieden, sollte man ihn feuern! Kündigungsgrund: Hier liegt eine bewußte Fehlmotivation vor.

Ähnliches läßt sich im Wirtschaftsleben beobachten. Da sagt ein Unternehmensleiter: »Wir hoffen, den Verlust in diesem Jahr besonders niedrig zu halten.« Und was werden jetzt alle Mitarbeiter ein Jahr lang machen? Sie werden den Verlust niedrig halten – von Gewinn keine Rede! Auch hier ist Fehlmotivation als Vorwurf zu erheben!

Jeder Realist weiß natürlich, daß man sehr wohl Deutscher Fußballmeister werden kann, obwohl man einige Spiele verliert. Und selbstverständlich kann man einige Unternehmen nur über einige Jahre hinweg aus der Verlustzone herausführen. Gerade weil ein Fußballspiel verlorengehen kann, trotz des festen Siegeswillens, und ein Unternehmen voll in die roten Zahlen geraten kann, trotz des exakten Gewinnzieles, ist die Aufpralltechnik so wichtig: Gerade bei besonders schwierigen Fällen, insbesondere bei gleichstarken Gegnern im Gefecht oder im Markt, muß ein gegnerischer Angriff nicht nur abgewehrt werden (wir wollen möglichst wenig Verlust machen), sondern der Angriff muß pariert werden im Sinne von: »Daraus ziehen wir noch einen Vorteil!«, um letztlich doch noch den Gewinn anzustreben. Lerne den Angriffsschwung des Gegners zu seinem eigenen Nachteil umzusetzen. Das mußt Du gut üben.

Der Kampf gegen mehrere*

Hier geht es um die Technik, die Du anwenden mußt, wenn Du allein gegen viele Gegner kämpfst. Ziehe sowohl das Lang- als auch das Kurzschwert, und nimm eine Kampfhaltung ein, in der Du beide Schwerter weit von rechts nach links und von links nach rechts

* Musashi gilt als Begründer des Zwei-Schwerter-Stils. Seine Schule wird unterschiedlich benannt: *Nitô-ryû* (»Zwei-Schwerter-Schule«), *Niten-ryû* (»Zwei-Himmel-Schule«) oder auch *Niten-ichiryû* (»die eine Schule von den zwei Himmeln«). Siehe dazu auch die Einleitung zu diesem Buch. Nach seinen Schriften wandte Musashi selbst zwei Schwerter nur im Kampf gegen mehrere Gegner an. Andererseits dient das Fechten mit zwei Schwertern als gute Grundübung zur Beherrschung des Schwertes überhaupt. Gegen große Kämpfer benutzte Musashi niemals zwei Schwerter.

Ein gutes Beispiel für den Kampf gegen mehrere, auch unter dem Gesichtspunkt des »Aufreihens«, liefert Toshiro Mifune, Japans führender und international bekanntester Schauspieler.

Die Kunstfertigkeit der Samurai im Umgang mit dem Schwert zeigt er in dem Film »Sanjuro«.*

In der ersten Abbildung sieht man Mifune langsam dem Tod entgegenschreiten, furchtlos, die Hände im Kimono, um sie warm zu halten. Solch ein Verzicht auf alle Vorsicht lenkt die Aufmerksamkeit seiner Gegner ab.

Der im Rücken von Mifune stehende Angreifer hat scheinbar die beste Ausgangslage. Darum werden auch alle anderen zunächst seinen Angriff abwarten. Da er sich außerhalb des Gesichtsfeldes von Mifune weiß, ist seine »Haltung« zu siegessicher.

* Die Zeichnungen sind einer Vorlage aus dem Buch »Das ist Kendo«, erschienen im Berliner Weinmann-Verlag, entnommen.

Blitzschnell zieht die linke Hand Mifunes (nicht die übliche rechte) das lange Schwert aus der Scheide, und ein Stoß nach hinten setzt den ersten Angreifer, den, der sich so sicher fühlt, außer Gefecht.

Da die acht Angreifer keine Vereinbarung getroffen haben, wer welchen Angriff führen wird, sind sie unentschlossen und können die Wucht ihres Angriffes nicht koordinieren.

Mifune kann koordinieren. Er beginnt, nachdem der Rücken frei ist, auf der rechten Seite mit dem Angriff.

Er zieht sein Schwert aus dem unglücklichen Angreifer, wechselt über in die rechte Hand und schaltet mit einer fortlaufenden Bewegung die beiden von rechts angreifenden Gegner aus.

Die Positionen der Angreifer auf der linken Seite weisen auf ein interessantes Phänomen hin: Sie könnten zwar angreifen, tun dies aber nicht, weil sie nach eigenem Empfinden, nach eigenem Rhythmus noch nicht dran sind.

88

Der vierte Feind wird beim Rückschlag von Mifunes Schwert niedergeschlagen, bevor er sein Schwert überhaupt ziehen kann.

Seine Standposition war ja auch eher an der Mitte denn am Rand. Die Wahrscheinlichkeit, eingreifen zu müssen, war nicht sehr groß. Er glaubte nicht an seinen Einsatz. Zu spät.

Der fünfte und sechste werden mit einer *Kesagake*-Bewegung niedergemäht, einem peitschenähnlichen Hieb der Klinge.

Von dem Angreiferkreis, der Angreiferlinie, steht also nur noch die Mitte.

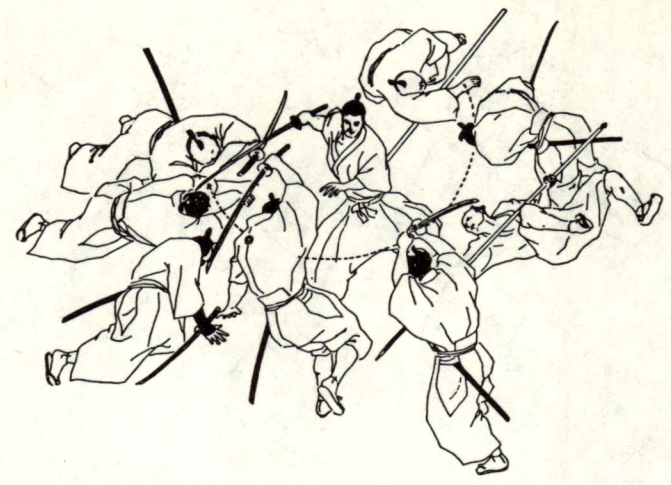

Mifune läßt seine Klinge zurückschnellen, dreht sich um, sein Schwert blitzt auf, und Nummer sieben fällt.

Der letzte Angreifer steht die ganze Zeit über etwas außerhalb des Gefechtes und in der direktesten Linie zu Mifune. Dieser Angreifer konnte sich in dem Glauben halten, die »Trumpfkarte« des Gefechtes zu sein. Doch seine Sonderstellung wird ihm nichts nützen.

schwingst. Der Zweck ist, die Gegner, auch wenn sie von allen Seiten auf Dich eindringen, in einer Richtung davonzujagen. Greifen sie an, so beobachte die Situation genau, und fechte zunächst gegen den, der Dich zuerst angreift. Achte, indem Du Deine Augen nach allen Seiten hin offenhältst, auf den Rhythmus, in dem Deine Gegner angreifen, und benutze in blitzschnellem Wechsel Dein rechtes und Dein linkes Schwert. Hast Du einen niedergeschlagen, so darfst Du in Deiner Stellung nicht verharren, sondern Du mußt sofort wieder die nach beiden Seiten bereite Kampfhaltung einnehmen. Dringe kraftvoll auf die Gegner ein, wo immer sie angreifend näher kommen, und vernichte so einen nach dem anderen. Eine in jeder Situation richtige Technik ist es, die Gegner so zu treiben, daß sie aufgereiht sind wie Fische auf einer Schnur. Hast Du sie soweit, schlage sie nacheinander nieder, ohne ihnen Raum zur Bewegung zu lassen.

Wenn Du Dich mit einer großen Zahl von Problemen gleichzeitig konfrontiert siehst, dann ist es falsch, zu früh zu selektieren oder sich von Einzelaktionen beeindrucken zu lassen. Mache Dich vielmehr breit. Sei ferner bereit, alle Probleme zunächst einmal zusammenzutreiben mit dem Ziel, sie aufzureihen. Hast Du alle Angreifer, alle Probleme aufgelistet, kannst Du nach den jeweiligen Prioritäten die Lösung der einzelnen Probleme angehen.

Sich breitmachen, also alle Dich bedrängenden, angreifenden Probleme »aufzunehmen«, wird nicht immer gerne getan. Häufig ist zu beobachten, daß Manager eher dazu neigen, einen Keil in die Probleme zu treiben, von Problem-Annahme-Verweigerung einmal ganz zu schweigen.

Es gibt Situationen, wo der Keil falsch ist; denn er spaltet die Probleme auf, die dann von mehreren Seiten auf Dich eindringen können. Dadurch mußt Du an mehreren Fronten kämpfen, Dich häufiger drehen und läufst Gefahr, den Überblick zu verlieren. Darum die Empfehlung: Treibe die Probleme in eine Richtung, und zwar alle! Verschließe nicht die Augen!

Diese Technik ist sehr nützlich, wenn Du es mit komplexen Systemen zu tun hast, beispielsweise in Fällen des Krisenmanagements. Beim Kampf gegen mehrere – genauso wie beim Krisenmanagement – gilt es, daß Deine Fähigkeit des Prioritätensetzens sehr gut ausgebildet sein muß. Schnelle Entscheidungen sind wichtig, wichtiger aber ist die Konsequenz *in* der Entscheidung. Beim Krisenmanagement gibt es nicht die Chance des Anlaufnehmens oder die berühmten hundert Tage zur Einarbeitung. Es ist notwendig, sofort Maßnahmen mit Wirkung zu ergreifen, nachdem Du Dir einen Überblick über Zahl und Stärke der Angreifer verschafft hast. Versuche den nächst erreichbaren Gegner anzugreifen und nach Möglichkeit tödlich zu treffen – wenn es sich anbietet, in besonders gründlicher Form. Die Wirkung eines Hiebes darf manchmal durchaus überzogen dramatisch sein, um einige Randprobleme zur Aufgabe zu zwingen.

Den Kampf gegen mehrere gewinnst Du nicht durch lautes Gebrüll, wildes Gebaren, grimmiges Aussehen oder übertriebene Härte. Der Gewinn fällt Dir durch wirkungsvolles Handeln zu. Darum gönne Dir und Deinen Angreifern keine Pause, sondern löse Problem für Problem unter Ausnutzung des jeweiligen Schwunges.

Mit einem einzigen Hieb

Mit der Technik des »einzigen Hiebs« wirst Du mit Sicherheit den Sieg erringen. Aber dafür mußt Du Heihô eingehend erlernt haben, denn sonst begreifst Du es nicht. Nur durch stetes Üben wirst Du dahin kommen, daß Du diese Technik wie völlig natürlich anwendest und also siegst, wie es Dir beliebt. Mögest Du in deinen Anstrengungen nie nachlassen.

Um die Bedeutung dieses Hiebes zu verstehen, schau zunächst einmal in einem Dojô zu: Du kannst dort junge Leute sehen, die schnell, heftig, geradezu wild aufeinander einschlagen. Es hagelt nur so von Hieben, doch es ist kein einziger wirklicher Treffer zu erkennen. Du kannst aber ebenso an Jahren alte Meister beobachten, die sich in höchster Spannung, dabei absolut ruhig gegenüberstehen, um dann, nach minutenlangem Suchen nach der Gelegenheit, plötzlich und ohne jeden Ansatz mit nur »einem einzigen Hieb« das Gefecht beenden.

Ähnliches ist in unserer Arbeitswelt zu beobachten: Da gibt es junge Manager, die so »dynamisch« vorgehen, daß es nur so von

Ideen, neuen Maßnahmen und Änderungen der neuen Maßnahmen hagelt! Und so manchem Mitarbeiter vergeht vielleicht sogar Hören und Sehen. Bei jungen Managern muß das auch so sein!

Doch es gibt eben auch die erfahrenen Manager, die mit Ruhe und Konsequenz an eine Aufgabe, an ein Problem herangehen, um es dann mit nur einem Satz, mit nur einem einzigen Gedanken zu lösen. Sie erledigen die Aufgabe »mit einem einzigen Hieb«.

Es ist nicht möglich, Dich jetzt aufzufordern, eine Aufgabe, eine Problemstellung »mit einem einzigen Hieb« zu lösen. Du erkennst selber, daß sich dieser Hieb »ergibt«, also die Frucht Deines Weges sein wird. Doch wenn Du Dich mit der notwendigen Konsequenz dem Weg des Managers verschrieben hast, dann werden Dir Problemlösungen auf größte Herausforderungen leicht und in natürlicher Weise zur Verfügung stehen. Du wirst siegen, wie es Dir beliebt.

Die unmittelbare Tradition

»Unmittelbare Tradition« bedeutet die Art, in der der Weg der Nitô-Schule als der wahre Weg des Kriegers verbreitet wird. Übe ihn beständig. Es ist wichtig, daß Du Dir diesen Weg der Schwertkunst körperlich zu eigen machst. Dazu gehört die mündliche Überlieferung.

Den Weg des Kriegers lernst Du nur durch praktisches Üben unter der Anleitung eines Meisters. Darum empfehle ich Dir, in ein Dojô zu gehen und Dir die Lektionen erteilen zu lassen. Wenn das nicht möglich ist, dann nimm einen einfachen Stock und übe.

Wie wichtig der Hinweis Musashis zum »körperlichen Lernen« ist, will ich Dir im folgenden berichten: Von einem Kendô-Training kehrte ich ins Hotel zurück. Als ich mich auszog, entdeckte ich an meinem rechten Ellenbogen einen blauen Fleck in der Größe eines Fünf-Mark-Stückes. Der Bluterguß gab ziemlich genau die Stoffstruktur meiner Jacke wieder. Und mir fiel auf einmal ein, wem ich diese Blessur zu verdanken hatte: Ein blutiger Kendô-Anfänger hatte mich dort getroffen! Mir war klar, daß das nur ein Anfänger gewesen sein konnte, denn als Trefferfläche ist der Ellenbogen nicht vorgesehen; das Reglement schreibt andere Flächen vor. Und wie ich mich gerade so schön ärgerte – und ich tat mir auch ein bißchen leid, der Fleck brannte ganz schön auf der Haut –, da erkannte ich meinen Irrtum!

Angenommen, ich wäre auf dieser gedanklichen Position: »So ein dämlicher Anfänger, haut mir einfach auf den Ellenbogen!« geblieben, hätte ich dann etwas gelernt, hätte mich mein Selbstmitleid weitergebracht, wäre irgend etwas Positives daraus entstanden? Nichts wäre geschehen! Wäre ich bei dieser Haltung geblieben, hätte ich mich nicht einen einzigen Millimeter auf meinem Weg bewegt – das ganze Training dieses Abends wäre umsonst gewesen!

Aber der zweite Gedanke war nützlich: »Man stelle sich vor – ein blutiger Anfänger ist in der Lage, mir einfach auf die Ellenbogen zu hauen!« Ich stehe also offensichtlich so dämlich und quer in der Gegend herum, daß jeder mich nach Belieben erwischen kann. Jetzt war ich nicht mehr böse auf den Kendôjin, sondern sogar dankbar! Er hatte mir gezeigt, wo ich zu treffen bin, wo meine schwache Stelle ist. Es ist doch meine Sache, mich nicht treffen zu lassen! Ich bin doch allein dafür verantwortlich, daß mir nicht irgendwer, den ich durch Zufall in einem Dojô treffe, eins auf die Arme haut!

Es ist doch Deine Sache, Dir nicht Deine Kunden, Deine Mitarbeiter, Dein Kapital wegnehmen zu lassen! Es ist nicht die Aufgabe Deiner Konkurrenz, Dir Deine Kunden zu lassen, es ist Deine Aufgabe, sie zu halten! Natürlich kannst Du über die Konkurrenz oder die »Umstände« schimpfen. Doch bringt Dich das weiter, kannst Du mit den »Umständen« Deine Bilanz erstellen? Jeder Treffer, den Dir ein anderer beibringt, ob Konkurrent, Kollege oder Freund, ob »mieses Subjekt« oder wahrer Meister, gibt Dir die Chance, zu lernen, gibt Dir die Chance, Dich zu bewegen. Die daraus erwachsende Stärke ist ein guter Lohn für die Mühe!

Um den Weg des Managers zu gehen, ist es günstig, unter der Anleitung eines erfahrenen Managers zu üben und zu lernen. So wie Schwertkämpfer von Schule zu Schule zogen, um die verschiedenen Meister und ihre Stile kennenzulernen, so wie Handwerksgesellen auch heute wieder Wanderjahre zurücklegen, um zu lernen, so soll auch der Manager Wanderjahre zurücklegen.

Du solltest Deine Wanderstationen nicht allein nach Produkten oder nach Gewinn aussuchen, sondern alleinigen Wert auf die Qualität der Führungskräfte und den Stil des Unternehmens legen. Du wirst

94

so durch Beobachten, mündliche Überlieferung und Mitmachen alles zum Thema Management und Unternehmertum lernen können.

Vom Nutzen des Kampfes

Es gibt einen Nutzen des Kampfes, nämlich den, daß man dadurch die Kunst erlernt, mit dem Langschwert den Sieg zu erringen. Aber darüber in allen Einzelheiten zu schreiben ist unmöglich. Du mußt Dich unermüdlich darin üben, denn nur so wirst Du den Weg des Sieges begreifen. Der wahre Geist des Heihô offenbart sich darin, wie einer das Langschwert benutzt. Das lernt man nur in der mündlichen Überlieferung.

Wenn Du einen Berg besteigst, verändert sich der Berg überhaupt nicht, aber Du veränderst Dich. Wer von einem Berg zurückkommt, ist ein anderer, wie er zu dem Augenblick war, als er losging. Es gibt keinen Menschen, der nicht geprägt vom Berg zurückkommt. Allein das ist auch der Grund, warum es sich lohnt, in die Berge zu gehen oder sich einen »Berg« zu suchen, womit die Frage nach dem Nutzen des Bergsteigens beantwortet ist.

Es ist allerdings sinnlos, eine Sache »nur so« zu tun. Wir haben die Chance (und auch die Pflicht) Dinge nicht »nur so« zu erledigen, sondern sie wegen ihres Sinnes zu tun. Die Frage Deines »Seins« hat eine ganze Menge mit dem Sinn einer Sache zu tun.

Eine Handlung kann sinnlos oder nutzlos sein und trotzdem beachtlich in Größe und Wirkung. Sinnvolles und Nützliches kann sehr klein, nicht erkennbar und zunächst auch mit geringer Wirkung versehen sein. Doch welcher Maßstab entscheidet?

Ein Weg ist falsch: an den Grenzen der Dinge nach dem Sinn des Weges zu suchen. Der Sinn ist genau in der anderen Richtung zu finden: nicht am Rand, sondern in der Mitte. Und dort in der Mitte aller Dinge. Der Sinn ist nicht isoliert, als Objekt für sich, zu finden, sondern in einer Sache, in einem Weg. Der Nutzen des Kampfes ist in ihm, in sich, in Dir zu finden. Darum sind dieser Nutzen und sein Sinn nur über den Weg des Schwertes zu erfahren.

Der Kampf ist eine besondere Schule. Er fordert und fördert bestimmte Fähigkeiten in Dir. Sind diese Fähigkeiten nicht ausgebildet, dann bist Du zum Kampf nicht fähig, lernst den Sinn nicht erkennen und kannst den Nutzen nicht spüren, nicht verwenden oder weitergeben.

Die Liebe erfordert ja auch eine besondere Schule. Wie viele Menschen sind zur Liebe nicht fähig! Wie können sie jemals den Sinn der Liebe erfahren, wenn sie keine Handlungen der Liebe ausüben oder keine Handlungen an sich erfahren?! Wie viele Menschen sind nicht zur Muße fähig, zur Demut! Wie wollen sie dann lernen und begreifen?

Der Kampf von zwei Kindern um einen Ball ist nützlich. Der körperliche Kampf verhilft dem jungen Menschen zu sehr tiefen persönlichen und ungefilterten Informationen, die für das Selbstempfinden und somit für das Selbstvertrauen notwendig und nützlich sind – was traue ich mir zu, was kann ich mir jetzt endlich zutrauen, wie weit darf ich mir etwas abverlangen, ohne Angst um mich zu haben? Doch nach der Stufe der sozialen Kampfspiele, nach den Kampfritualen, die auf verschiedenen Stufen der Entwicklung stattfinden und wohl notwendigem, wenn auch häufig lästigem und kleinkariertem Gerangel um Ränge und Plätze, kommt der entscheidende existentielle Kampf.

Der Kampf weist Plätze zu. Er ist nützlich und sinnvoll, weil er zu unterscheiden hilft. Er zeigt dem Schwachen die Grenze, ohne daß dieser zu Tode kommt oder ewig unglücklich bleibt. Er zeigt dem Starken den Sieg, damit dieser lernt, damit umzugehen. Es ist unmenschlich, nicht zu kämpfen, weil es auch unmenschlich ist, nicht geliebt zu werden.

Epilog zum Buch des Wassers

Studiere den Inhalt dieses Buches, Abschnitt für Abschnitt, und durch erlebte Kämpfe mit Konkurrenten wirst Du nach und nach die Grundsätze des Weges erkennen lernen.

Zunächst wirst Du Dein gestriges Selbst besiegen, dann Dein im Wege stehendes Ich, und morgen schlägst Du diejenigen, die Dir unterlegen sind. Um danach größere Probleme zu lösen, übe nach diesem Buch, ohne Dein Herz auf Seitenwege abgleiten zu

96

lassen. Vergleiche sorgsam überlegend und mit geduldigem Geist das hier Gelesene mit dem von Dir Erlebten.

Wenn man Dir eine Chance im Krisenmanagement oder im Kampf-Marketing anbietet, nutze sie! Es ist die beste Kampf-schule des Marktes, die es gibt.

Wen immer Du besiegst – wenn Dein Erfolg nicht auf dem beruht, was Du gelernt hast und was Dir für wertvoll erscheint, dann ist es kein wahrer Sieg.

Der Tausend-Meilen-Weg beginnt mit einem Schritt!

Das Buch des Feuers

Im Buch des Feuers werden die Gesetze der Schlacht im großen beschrieben. Bisher, im Buch der Erde, ging es um Deine Grundeinstellung. Im Buch des Wassers geht es darum, wie Du zunächst Dich und dann einen Gegner besiegst.

Du weißt, daß der erste Gegner auf dem Weg des *Heihô*, der Selbstvervollkommnung, immer Du selber bist. Hast Du erst Dein Ich besiegt, fallen Dir alle anderen Siege auch zu. Im Buch des Feuers soll insbesondere der Tatsache Rechnung getragen werden, daß Du vorangehen mußt. Niemand Deiner Mitarbeiter kann und wird Dir folgen, wenn von Dir nicht die Überzeugung des Kriegers ausgeht.

Im Buch des Feuers wird deutlich, daß von einem Schwert allein noch nichts ausgeht. Es ist ein toter Gegenstand, der erst durch Dich zum Leben erweckt wird, erst durch Dich einen Sinn erhält.

Wer den Weg des Schwertes geht, lernt natürlich zunächst den Kampf einer gegen einen und erst später die Schlacht viele gegen viele. Wer die Prinzipien des Einfachen begriffen hat, versteht auch die Prinzipien des Komplizierten. Gerade in der Schlacht ist die »Verliebtheit« in Kleinigkeiten sinnlos, was aber nicht bedeutet, daß der Blick für das Detail vernachlässigt werden darf. Doch wie eine Schlacht gewinnen?

Von besonderer Schwierigkeit bei einer Schlacht ist die Organisation von Rhythmus und Schlagkraft. Wenn viele gegen viele kämpfen, ist es schwierig, den Überblick zu behalten. Zu schnell läßt man sich vom Staub, der aufgewirbelt wird, vom Kampfgeschrei und den kämpfenden Massen beeindrucken. Viel Bewegung, lautes »He! Ho!«, heftiges Kampfgetümmel werden Dich glauben lassen, Du bist mit Deiner Armee dem Sieg nahe.

Ist es nicht in einem Unternehmen ähnlich? Wieviel Aktivität ist in Wahrheit nur Aktionismus! Wenn wir kräftiges Kampfgeschrei hören, so ist dies in vielen Fällen doch nur Gestammel untätiger Mitarbeiter. Und ist die Arbeit, die gemacht wird, immer von der großen Aufgabe, dem übergreifenden Ziel bestimmt, oder gilt es nur, die eigene Haut zu retten, sich aus der »Schlacht« rauszuhalten?

Wann ist denn nun genau die Kraft und Entschlossenheit einer Armee, sowohl der eigenen als auch einer fremden, zu erkennen? Der Zen-Meister Taisen Deshimaru-Roshi* gibt ein wunderbares Beispiel zum besseren Verständnis: »Das ist wie bei einem Kreisel. Wenn er sich in voller Geschwindigkeit dreht, glaubt man, er sei unbeweglich. Man sieht seine Bewegung nur am Anfang und am Ende, wenn er wieder langsamer wird. Gleichermaßen ist die Ruhe in der Bewegung das Geheimnis des Kendô, des Schwert-Weges.«

Nicht alles, was sich ausladend bewegt, ist kräftig, sondern eher im Sterben. Nicht alles, was »still« steht, ist schwach. Die Energie des Kreisels ist die Energie der Armee und ist mit der Energie in Deinem Unternehmen zu vergleichen. Wenn Du an Dein Unternehmen denkst, siehst Du dann einen trudelnden Kreisel, der jeden Augenblick umknicken wird, oder siehst Du einen Kreisel, der sich am Start mit hoher Energie in eine schwungvolle Position bringen wird, oder siehst Du einen konzentrierten Kreisel, der sich mit hoher Energie und großer Ruhe im richtigen Rhythmus bewegt? Prüfe dieses Bild genau.

Die Umstände des Kampfplatzes

Wichtig ist, daß Du prüfst, wie die örtlichen Umstände beschaffen sind. Zum Beispiel solltest Du immer so stehen, daß Du, wenn Du die Kampfstellung einnimmst, die Sonne im Rücken hast. Wo das nicht

---

* Taisen Deshimaru-Roshi: Zen in den Kampfkünsten Japans, Weidenthal o.J.

möglich ist, stelle Dich wenigstens so, daß sie Dich von rechts be-scheint. Auch in Innenräumen gilt: Das Licht muß immer hinter oder rechts von Dir einfallen. Ferner vergewissere Dich, daß Du rückwärts von nichts behindert wirst und nach links hin Raum hast, während Du auf Deiner rechten Seite nur Platz brauchst für Deine Kampfhaltung. Nachts, damit Du den Gegner siehst, solltest Du eine ebensolche Stellung einnehmen, also das Feuer hinter oder das Licht rechts von Dir haben. Um von oben auf den Gegner herabzusehen, mußt Du versuchen, wenigstens etwas höher zu stehen als er. Denke da an den erhöhten Kamiza.*

Was hier so detailliert für das Gefecht mit dem Schwert beschrieben ist, gilt in ähnlicher Form, wenn auch unter anderen Vorzeichen, für die praktische Arbeit eines Managers.

Ein Beispiel: Du hast häufig Besprechungen mit Mitarbeitern, Verkäufern oder Kunden. Dein Büro mit dem Besprechungsplatz soll jetzt mit dem »Kampfplatz« verglichen werden. Erste Bemerkung: Es ist völlig falsch zu glauben, Du müßtest Deinen Gesprächspartner in eine schwierige Lage bringen! Solche Sachen, wie den Partner ins Licht blicken zu lassen, ihm die schlechteren Sitzmöglichkeiten anzubieten oder Schreibtischbarrieren zu erstellen, kannst Du Dir schenken. Es stimmt zwar, daß man mit wenig Aufwand einen anderen Menschen in Unsicherheit stürzen kann – doch geübte Verhandlungspartner kannst Du mit solchen Mätzchen nicht beeindrucken.

Also laß uns noch einmal beginnen. Was für ein Ziel hast Du bei einer Besprechung? Du willst Dein Ziel erreichen, was im günstigsten Fall auch das Ziel Deines Partners sein sollte. Das ist zunächst aber nicht immer und logischerweise der Fall. Du mußt also den anderen gewinnen. Das gelingt Dir aber nicht, wenn Du ihn durch die Umstände des Kampfplatzes in große Schwierigkeiten bringst. Du gewinnst die Verhandlung dadurch, daß Du selber alle Schwierigkeiten übernimmst. Setz Du Dich in die schlechtere Position, räume Deinem Gegenüber jeden Vorteil ein, gestatte ihm, Bewegung und Besitzanspruch zu dokumentieren.

---

* »Der obere Platz«; im großen Empfangszimmer der häufig etwas erhöhte Sitzplatz für den Hausherrn; auch Ehrenplatz.

Das Einräumen von Vorteilen für den anderen hat eine ganz einfache Wirkung: Dieser Partner fühlt sich wohl, sicher und ohne Angst, weil die Umstände des Kampfplatzes für ihn günstig sind. Jetzt kann das eigentliche »Gefecht« beginnen, der Wettstreit der Gedanken und Ideen und das Werben um die Zustimmung. Ein Mensch, der ängstlich ist, der unsicher bei einer Besprechung mit Dir ist, der kann nicht zuhören und kann darum auch von Dir weder gewonnen noch überzeugt werden; er kann noch nicht einmal besiegt werden! Ganz im Gegenteil: Er wird jedes Zugeständnis wieder rückgängig machen, sobald er den Raum verlassen hat!

Überprüfe unter diesen Gesichtspunkten einmal genau die »Umstände des Kampfplatzes« in Deinem Büro in bezug auf Deine Gesprächspartner. Wähle für Besprechungen einen runden oder ovalen Tisch. Verlasse immer Deinen Schreibtisch, insbesondere dann wenn Du angegriffen wirst oder etwa einen Mitarbeiter hart kritisieren mußt. Allein durch kleine Veränderungen Deines Kampfplatzes kannst Du Deine Besprechungsergebnisse entscheidend verbessern.

Wenn Du hingegen auf einem fremden Kampfplatz zu Besuch bist, achte sofort auf die »Kampfplatzkonstruktion«. Du erkennst dann augenblicklich den Kampfstil des anderen. Bemühe Dich, dem »Hausherrn« alle Vorteile zu überlassen. Schule Dich im Ertragen ungünstiger Besprechungssituationen. Unterschätze in keinem Fall die »Nettigkeit« des Gastgebers.

Wenn der Kampf beginnt, kommt es darauf an, daß Du den Gegner, von Dir aus gesehen, nach links treibst. Treibe ihn so in die Enge, daß er rückwärts nicht entkommen kann. Ist er auf diese Weise in Schwierigkeiten geraten, so treibe ihn unnachgiebig weiter in die Falle. In Innenräumen jage ihn gegen Schwellen, Türstöcke, Schiebetüren, gegen die Veranda oder gegen einen Pfeiler; auch hier darf er sich nicht umschauen können. Wichtig ist, daß Du den Gegner immer an solche Stellen treibst, wo er schlecht sicheren Fuß fassen kann, wo er durch dieses oder jenes, das neben ihm steht, in seinen Bewegungen behindert ist. Für Dich selber aber mußt Du aus all dem einen Vorteil machen, der Dir, was den Kampfplatz betrifft, die Überlegenheit sichert. Bedenke das, und übe es fleißig.

Diese Anweisungen sind sehr nützlich für Diskussionen und Disputationen. Treibe den anderen gegen seine Vorurteile und Wissensdefizite! Jage ihn in das Gewirr seiner Gedanken, so daß er zu einem logischen Gedankenaufbau nicht mehr fähig ist, und stelle ihn bei jeder sich bietenden Gelegenheit. Gönne ihm keine Verschnaufpause, und lasse ihn sich nicht festsetzen. Vertreibe ihn sofort von seinen Lieblingsthemen, schränke jede Bewegungsmöglichkeit seiner Gedanken ein.

Auch hier gilt: Treffen zwei ungeübte Schwertkämpfer aufeinander, gibt es ein Blutvergießen, viele Verletzungen und höchstens einen Sieger, meistens aber zwei überflüssige Leichen. Begegnen sich hingegen zwei erfahrene Disputanten, dann werden gerade wegen der konsequenten Härte und wegen der gewählten Form der Auseinandersetzung zwei bereicherte Meister als respektierte Persönlichkeiten, unabhängig von Sieg oder Niederlage, den Kampfplatz verlassen!

Dieses Vorgehen mußt Du sorgfältig und ausdauernd üben!

Die drei Methoden, um die Führung an sich zu reißen

Die erste Methode: dem Gegner mit dem Angriff zuvorzukommen. Man nennt sie Ken-no-sen *(»Führung durch Eröffnung«).*

Eine andere Methode: genau in dem Augenblick die Führung an sich zu reißen, wenn der Gegner angreift. Man nennt sie Tai-no-sen *(»Führung durch Abwarten«).*

Die dritte Methode: wenn beide gleichzeitig angreifen, dennoch die Führung an sich zu reißen. Man nennt sie Taitai-no-sen *(»Führung bei Gleichstand«).*

Außer diesen drei Methoden gibt es sonst keine Möglichkeiten, um von Anfang an das Heft in die Hand zu bekommen. Hast Du erst die Führung, ist Dir der Sieg so gut wie sicher. Deshalb ist dies einer der wichtigsten Punkte der Schwertkunst.

Man kann die Führung auf verschiedene Weise an sich reißen; welche Methode von Vorteil ist, ergibt sich je nach Fall und Umständen. Indem Du die Absichten Deines Gegners durchschaust, wirst Du ihn mit der Weisheit Deiner Kampfkunst überwinden. Das im einzelnen zu beschreiben ist freilich nicht möglich.

Führung durch Eröffnung

Ken-no-sen – die erste Methode
Bist Du zum Angriff entschlossen, so bewahre unverändert Deine ruhige Haltung, und schlage unvermittelt und blitzschnell zu. Oder Du greifst, äußerlich gesehen, hart und rasch an, bleibst aber im Inneren von größter Gelassenheit.
Eine wieder andere Möglichkeit besteht darin, sich unter höchster geistiger Anspannung und mit erheblich beschleunigten Schritten dem Gegner zu nähern, um ihn augenblicklich anzugreifen und so zu überwältigen.
Oder du unternimmst Deinen Angriff und siegst mit einem völlig losgelösten freien Herzen, dabei in jedem Augenblick entschlossen, den Gegner mit der tief in Dir steckenden Stärke zu zerbrechen. All dies sind Ken-no-sen-*Methoden.*

So wie beim Schachspiel der Eröffnungszug den Verlauf des Gefechtes bestimmt, so wird auch der Arbeitserfolg des Managers durch den Zug der Eröffnung entschieden.

Nach meiner Beobachtung ist *Ken-no-sen* die erste und wichtigste Arbeitstechnik, die ein Manager perfekt beherrschen muß, ja, sie muß als absolute Selbstverständlichkeit in Fleisch und Blut übergegangen sein. Einfach deswegen, weil tatsächlich allein durch die Tat, die Handlung, oder – wie Peters/Watermann sagen – durch das »Primat des Handelns« der Erfolg eines Unternehmens zu sichern oder zu ermöglichen ist. Dein persönlicher Arbeitserfolg hängt ausschließlich von der Tatsache ab, ob Du rechtzeitig die Initiative ergreifst!

Es ist Dir klar, daß das Gegenteil von dem Arbeitsstil »Führen durch Eröffnung« immer Deine Niederlage in einer Konfrontation bedeuten wird! Wenn Du einmal kritisch ungelöste oder noch zu lösende Probleme in Deinem Arbeitsbereich oder auch im privaten Bereich betrachtest, wirst Du feststellen, daß Dich die meisten Probleme allein deswegen drücken, weil Du nicht handelst oder bisher nicht gehandelt hast. Deine eigene Unentschlossenheit erlaubt doch dem Problem, überhaupt erst zu existieren!

Ein Beispiel: Bei einem kleineren Herrenausstatter fing ein Verkäufer an, der bis dahin Filialleiter eines anderen Herrenausstatters war.

104

Nach wenigen Tagen stellte der Inhaber Schwächen im Bereich Produktkenntnis und im Verkaufsabschluß fest. Er war darüber sehr enttäuscht, konnte sich aber zu einer sofortigen Entlassung auch nicht entschließen. Er gab dem Mitarbeiter »eine Chance«. Eine Chance worauf? Es trat natürlich keine Änderung der Situation ein, es wurden nur weiterhin die Kunden unzureichend bedient. Endlich, nach dreieinhalb Wochen, kam es zur Kündigung.

In diesem Fall wäre es richtiger gewesen, wenn entweder sofort aktiv an der Produktkenntnis und der Verkaufstechnik des Mitarbeiters geschult worden oder es aber zu seiner sofortigen Entlassung gekommen wäre. Die Frage bleibt, warum der Unternehmer weder das eine noch das andere sofort in die Wege geleitet hat. Er war wohl über sich und den eingestellten Verkäufer (der war ja mal Filialleiter) enttäuscht, was ihn im Handeln lähmte. Außerdem hielt ihn die Angst vor dem »unangenehmen« Gespräch vom Handeln ab. Erst als sich die Situation dramatisierte, weil sich nichts besserte, somit langfristig existenzbedrohende Formen annahm, wurde reagiert.

So etwas wiederholt sich jeden Tag, und zwar überall.

Manager, die erfolgreich das Primat des Handelns beherrschen und anwenden, vereinigen in sich Eigenschaften wie äußere und innere Gelassenheit ebenso wie äußere und innere Härte. Neben Gelassenheit und Härte sind Höflichkeit und Fröhlichkeit zu beobachten. Allein die entscheidende Eigenschaft, die »Entschlossenheit im Handeln«, ist nicht zu erkennen. Sie verbirgt sich vielmehr hinter den vier genannten Ausdrücken. Dabei gilt beim Krieger dasselbe wie beim Manager: Besonders grimmiges Aussehen, demonstrative Härte und Betonung von Status, Apparat und Macht ersetzen niemals die Fähigkeit der Entschlossenheit. Nur Anfänger lassen sich davon täuschen. Wie viele Manager haben kein Lippenrot mehr, haben verhärtete Muskeln im Nackenbereich und ein umklammertes Herz, weil sie eine einzige Fähigkeit nicht ausgebildet haben – ihre Entschlossenheit!

Führung durch Abwarten

Tai-no-sen – die zweite Methode
Wenn der Gegner zuerst anzugreifen versucht, kannst Du bei richti-

gem Verhalten dennoch die Führung an Dich reißen. Er dringt auf Dich ein, doch Du bleibst unbekümmert und gibst Dir den Anschein der Schwäche. Er erreicht Dich, und Du tust einen großen Sprung, wie wenn Du ausweichen wolltest. Tatsächlich jedoch wartest Du nur darauf, daß sich der Gegner eine Blöße gibt. In diesem Augenblick fährst Du auf ihn los mit einem gewaltigen Hieb. Der Sieg ist Dir gewiß. Das ist eine Möglichkeit.

Oder, wenn der Gegner Dich angreift, erwidere die Attacke, aber stärker als er, so daß er aus dem Rhythmus gerät. Dies nutze aus, und Du siegst. Soweit das Tai-no-sen-Prinzip.

Es gibt Situationen, wo Du nicht angreifen kannst. Entweder weil der Gegner einen Angriff vorbereitet, der Dich noch über vieles im unklaren läßt, oder weil Du gute Gründe hast, den Angriff des Gegners zunächst zuzulassen. Wenn hier von Abwarten gesprochen wird, dann ist damit eine sehr aktive Haltung verbunden, die nichts mit Passivität zu tun hat.

Das aktive Abwarten kannst Du durch vorgetragene Unwissenheit gestalten. Stelle Fragen an Deinen Gegner – er wird Dir nur zu gerne antworten. Das Stellen von Fragen, auch von Fragen der Unwissenheit, mußt Du üben. Lerne »offene Fragen« zu stellen, um diese auch als Führungsinstrument einsetzen zu können (offene Fragen sind Fragen, die immer mit einem »W-Wort« beginnen und die der andere immer mit einem ganzen Satz beantworten kann; im Gegensatz dazu die geschlossenen Fragen, die der andere immer nur mit Ja oder Nein beantwortet). Die geschlossenen Fragen sind für die kreative Kommunikation, das Führungsgespräch, das Verkaufsgespräch oder eben für das Tai-no-sen ungeeignet.

Auf der Grundlage dieser Situation, des Vortäuschens von Abwarten und Nichtwissen, wirst Du das Gefecht gewinnen. Zunächst gibt Dir Dein Kontrahent unter Umständen noch wichtige fehlende Informationen, denn er wird Dich unterschätzen. Darüber hinaus kannst Du jetzt den Zeitpunkt des eigenen Angriffs selber bestimmen. Ist die Zeit des Abwartens vorbei, dann übernimm die Führung. Sei nicht zaghaft in der Wahl Deines Hiebes. Nutze den Schwung aus den gegnerischen Informationen. Gerade in Debatten wird Dir dieser Weg helfen.

Dazu noch eine Ergänzung: Du kennst die Situation in einer De-

106

batte, wenn ein Wort das andere gibt. Mit dem Satz »Ein Wort gab das andere« wird ja meistens eine Situation beschrieben, in der ein oder zwei Disputanten ihre Fassung verloren haben.

»Ein Wort gab das andere« setzt voraus, daß das jeweils »andere« Wort heftiger, dramatischer war. Eröffnet also Dein Gegenüber einen Angriff mit einer Attacke, dann schlage heftig zurück. Dein Kontrahent schätzt aber die Lage völlig anders ein, ist also überrascht, denn Du hast ihm ja brauchbare Signale der Unwissenheit gesandt. Greife ihn aus der Position der Schwäche an. Er wird aus dem Rhythmus geraten, verliert die Fassung und damit sein Argumentationskonzept. Der Sieg ist Dein.

Führung bei Gleichstand

Taitai-no-sen – die dritte Methode

Auch wenn ihr gleichzeitig aufeinanderprallt, kannst Du doch die Führung an Dich reißen. Unternimmt der Gegner einen überaus raschen Angriff, so erwiderst Du ruhig, aber kräftig. Sobald er heran ist, gehst Du in einen Zustand der Entschlossenheit über und zielst mit einem plötzlichen Hieb auf die Stelle, an der er zu erschlaffen beginnt. So überwindest Du ihn.

Falls der Gegner ruhig und langsam angreift, paßt Du Dich wie mit schwebendem Körper seinen Bewegungen an, beschleunigst allmählich, und sowie er an Dich herankommt, beobachtest Du seinen Zustand genau, um dann kräftig zuzuschlagen und zu siegen. Das ist die Taitai-no-sen-Methode.

Es ist ja denkbar, daß Du es mit einem Gegner zu tun bekommst, der genauso stark ist wie Du. Wichtig ist hier zum Verständnis das Zwei-Schritte-Denken.

Greift Dich jemand an, will ja der Angreifer den Sieg, ist er im Augenblick des Angriffs auch von seiner Siegeschance überzeugt. Darum ist es für die »Eröffnung« des Gefechtes entscheidend, seinen Angriff ruhig und kräftig zu erwidern. Es ist zu wenig, wenn Du seinen Angriff nur abwehrst! Durch Deine Erwiderung, weil sie stark und kräftig ist, wirfst Du Deinen Gegner aus dem Gleichgewicht. Um zu siegen, ist es von großer Bedeutung, jede sich bietende Möglichkeit zu nutzen und nicht auf eine besonders »attraktive« Möglichkeit zu warten.

Im Markt kann ein Konkurrent vielseitig erschlaffen. Die Frage ist nur: Wo wird er erschlaffen, wie ist das zu erkennen, wie sichtbar zu machen? Es heißt zwar in der Statistik der Konkurse bei der Ursachenbeschreibung immer an erster oder zweiter Stelle »mangelnde Liquidität«, doch das ist ja nur die Information, die das Ende beschreibt – dorthin führt ein Weg mit vielfältigen, wenn auch häufig sehr kleinen Signalen.

Erste Schritte in den denkbaren Niedergang eines Unternehmens können sein, daß man die Veränderungen im Verbraucherverhalten übersieht, verbesserte Produktionstechniken nicht erkennt, notwendige Investitionen in die Nutzerforschung für überflüssig hält, Schwierigkeiten in der Zulieferindustrie nicht berücksichtigt, einen sich durch Sättigung oder Verlagerung der Bedürfnisse abzeichnenden Auftragsschwund unterschätzt oder ein falsches Zeitgefühl für Entwicklungen im Markt oder auch im politischen Umfeld hat.

In größter Gefahr, an diesen Signalen vorbeizugehen, sind Unternehmen, die »müde« werden. Müde wird nur jemand nach erbrachter Anstrengung. Das könnte also auf erfahrene Unternehmen zutreffen, die Erfolg im Markt haben, oder, besser gesagt, nicht mitkriegen, daß sie diesen Erfolg hatten! Müdigkeit im Unternehmen, also im Management, im Verkauf, im Produktionsbereich, in der Firmenphilosophie vor allem, führt immer zu der Fehleinschätzung: Haben wir Erfolg oder hatten wir Erfolg?

Überlege und studiere ganz genau, welche Signale in Deiner Situation und bei Deinen Konkurrenten Signale des Erschlaffens, des Ermüdens sind. Bei Gefahr: »Weck Dein Unternehmen auf!«

All diese Dinge können mit Worten nicht bis in alle Einzelheiten erklärt werden. Ich möchte, daß Du genau studierst, was hier geschrieben steht. Diese dreifache Art, die Führung an sich zu reißen, mußt Du daraufhin gründlich prüfen, wann und unter welchen Umständen Du welche Methode zu Deinem Nutzen anwenden kannst. Es ist nicht immer nötig, daß Du zuerst angreifst, aber selbst wenn Du es tust, kommt es darauf an, diesen Angriff in Deinem Sinne auszuführen.

Hast Du Deinem Gegner die Führung entrissen, wirst Du ihn auf jeden Fall durch die Weisheit des Heihô überwinden. Deshalb mußt Du tüchtig üben, um diese zu beherrschen.

Führung durch Zuvorkommen

Die höchste Form, um die Führung in einem Gefecht an sich zu reißen, um das Gefecht zu gewinnen, heißt *Sen-sen-no-sen.* Diese Technik bedeutet nichts anderes als »dem Zuvorkommen des anderen zuvorzukommen«.

Die Weisheit dieser Technik mußt Du sorgfältig studieren! Wie könntest Du ein Kendô-Gefecht gewinnen? Wenn Du einen hohen Kampfeswillen hast, dann greifst Du einfach an; oder Du wartest darauf, daß Dir Dein Gegner eine Schwäche zeigt, um sie dann zu nutzen; oder Du bietest ihm die Möglichkeit zum Angriff, um dann zu kontern. Alle diese Möglichkeiten können zum Sieg führen, sind aber von geringerem Wert.

Es gibt einen Augenblick im Angriff, den Du genau kennen mußt. Ein Beispiel: Wenn eine Gewehrkugel den Lauf verläßt, dann ist sie nicht mehr in der Lage, ihre gedachte ballistische Kurve zu verlassen oder zu verändern. Ähnliches gilt im Schwertkampf: Wird der Hieb ausgeführt, ist er nicht mehr änderbar. Wenn man so will, befindet sich der Kendôjin in der ersten Phase seines Angriffes in Wahrheit in einem Lähmungszustand. Trifft Dein Hieb ihn nun genau in diesem Augenblick, dann ist der Sieg Dein. Wenn also Dein Gegner denkt: »Jetzt sollte ich zuschlagen!«, dann mußt Du ihn bereits beim »J...« treffen!

Nur – man kann sich diesen Hieb *Sen-sen-no-sen* nicht »vornehmen«, sondern muß ihn »erleben lassen«. Ein großer Schwertkämpfer ist wie jeder große Künstler seiner Umgebung immer voraus. Das hat nichts mit Schnelligkeit zu tun. Er ist einfach nicht zu besiegen, weil er unbewußt jede Aktion bereits in ihrem Ansatz, eigentlich sogar *vor* ihrem Ansatz erkennt.

Diese Form der Führung und des Sieges ist die höchste und wahrhaft meisterliche Form und bedeutet sowohl Sieg im Gefecht als auch Ausdruck der wahren Meisterschaft eines Managers. Wer in der Lage ist, das Wollen des anderen vorauszusehen, wer sich ändernde Situationen sofort durchschaut und für sich ausnutzt, dem ist der Sieg nicht zu nehmen. Bedenke das sorgfältig.

Aufs Kissen drücken*

»Aufs Kissen drücken« bedeutet soviel wie »jemanden den Kopf nicht heben lassen«. Beim Kämpfen ist es nie gut, wenn man sich vom Gegner lenken läßt und dadurch ins Hintertreffen gerät. Das Ziel muß immer und unter allen Umständen sein, den Gegner so zu lenken, wie man selbst es will. Natürlich wird auch der Gegner das gleiche versuchen; aber er kann nicht zum Zuge kommen, wenn Du es nicht zuläßt. Bei dieser Taktik mußt Du sein Schwert abfangen, wenn er es gerade zum Schlag hebt, mußt sein Schwert nach unten lenken, wenn er gerade zustoßen will, mußt ihn abschütteln, wenn er sich gerade an Dich klammern will. Das nennt man »aufs Kissen drücken«.
Es ist das Wesen meiner Kampfkunst, daß Du lernst, am Gegner vor Dir auch das kleinste Anzeichen dessen wahrzunehmen, was er beabsichtigt, daß Du es erkennst, solange es noch nicht ausgeführt ist. Du mußt zu solcher Fertigkeit gelangen, daß Du eine jede seiner Unternehmungen sofort abblocken kannst, seinen Angriff, seinen Sprung, seinen Hieb, und zwar noch bevor der Angriff über das »A...«, der Sprung über das »S...«, der Hieb über das »H...« hinweggelangen kann.
Ein wichtiger Grundsatz der Kampfkunst ist es, die wirkungsvollen Aktionen des Gegners zu verhindern, die wirkungslosen aber zuzulassen. Dennoch brächte es Dich nur ins Hintertreffen, wenn Du nur daran dächtest, den Gegner »niederzudrücken«. Handle vielmehr so, wie es dem wahren Weg des Kriegers entspricht: Wenn Du vereitelst, was der Gegner tut, wenn Du das, was er plant, zur Wirkungslosigkeit verdammst, so tu dies nur, um ihn dann nach Deinem Willen zu lenken. So wirst Du ein Meister der Kampfkunst sein. In diesem Sinne übe das »Aufs-Kissen-Drücken«.

* Im alten Japan legten die Samurai wie auch die Damen ihren Nacken auf eine hölzerne Stütze, das *Makura*, meist übersetzt mit »Kissen«.

Um einen Konkurrenten wirklich »aufs Kissen« zu drücken, mußt Du jede seiner Aktionen oder Reaktionen weit vor ihrer Ausführung erkennen können – sowohl was das Entstehen als auch Ziel und Absicht betrifft. Erst dann kannst Du konkrete Handlungen einleiten, um den Konkurrenten auf das Kissen zu drücken.

Es gilt früh zu erkennen, was der Konkurrent beabsichtigt. Du mußt also Deinen Konkurrenten ganz genau beobachten. Lege auf einer Liste fest, wen und was Du beobachten willst. So schärfst Du Deinen Blick und bist nicht abzulenken. Und lege auch fest, was Du nicht beachten willst, weil es gerade in sehr arbeitsintensiven Zeiten lebenswichtig sein kann, die Kräfte zu konzentrieren. So wie Du die Summe der zu sammelnden Informationen definierst, so brauchst Du auch ein Informations-Verweigerungs-Programm.

Lebst Du in einer großen Organisation, dann stelle einen oder mehrere Mitarbeiter ein, die nichts weiter tun sollen, als die Konkurrenz und den gesamten Markt zu beobachten. Das ist keine Aufgabe, die jemand so nebenbei machen sollte. Die Aufgabe der Konkurrenzbeobachtung ist von höchster Priorität, ist Chefsache und sollte genau aus diesem Grunde niemals vom »Chef« selber durchgeführt werden.

Es nutzt nichts, wenn man voller Neid auf das weltweite Informationsbeschaffungsprogramm der Japaner schaut und selber nicht im Rahmen des Machbaren aktiv wird.

Nach der Informationsbeschaffung muß es natürlich zur Interpretation dieser Ergebnisse kommen. Deswegen werden für diesen ganzen Prozeß erstklassige Leute gebraucht. Im günstigsten Fall sollte einer voll in die Rolle der Konkurrenz schlüpfen, also in Diskussionen die Konkurrenz immer argumentativ vertreten. So läßt sich am schnellsten das Vorhaben des anderen erkennen, und eigene Maßnahmen können frühzeitig eingeleitet werden.

»Aufs Kissen drücken« hat noch eine weitere Bedeutung, wenn es darum geht, wirkungsvolle Aktionen zu verhindern und wirkungslose zuzulassen. Wenn Du es geschickt machst, dann wird sich derjenige, der auf dem Kissen ruht, sehr wohl fühlen. Und wegen seines Wohlbefindens wird er auch nicht aggressiv reagieren. Diese Technik fordert von Dir viel Geschick, aber wenig Kraft.

Ein unbewiesenes Beispiel für diese Technik konnte zwischen BMW und Daimler-Benz beobachtet werden. Bei Autotests wurde der

Typ 528 von BMW mit dem Typ 280 SE von Daimler-Benz verglichen. Nach meiner Empfindung unlogisch, handelt es sich doch um Autos aus zwei verschiedenen Klassen! Wie haben wohl die Leute von BMW auf diese Vergleiche reagiert? Sie werden sich sehr wahrscheinlich amüsiert haben, weil sie selber wohl wußten, daß dieser Vergleich hinkt. Andererseits jedoch tut das einem Autobauer wohl gut, mit der Nr. 1 verglichen zu werden. Und so gesehen lag BMW »auf dem Kissen«. Wer ruht, erhebt sich ungern. Diese wohlige Haltung konnte von Daimler-Benz gut als Zeitvorsprung genutzt werden, um den Typ 190 auf den Markt zu bringen, der jetzt tatsächlich BMW schwerste Umsatzeinbußen eingebracht hat. Das Nachschieben mit Typen wie 230, 260 oder 300 wird den Erfolg dichtmachen und BMW über Jahre aus seiner ehemals günstigen Marktposition verdrängen!

Darum auch an Dich die Mahnung, darauf zu achten, ob Du schon mit dem Kopf auf dem Kissen liegst! Wer hält Dich dort fest, und wie kannst Du Dich befreien? Bedenke das alles mit Sorgfalt!

Das Hinübersetzen

»Hinübersetzen« bedeutet zum Beispiel, über eine Furt von einem zum anderen Ufer zu gelangen. Es kann aber auch heißen, fünfzig Meilen offener See zu überqueren. Mir scheint, in jedem Menschenleben gibt es oft Situationen, die damit vergleichbar sind. Für eine solche Schiffsreise muß man zunächst die Überfahrtsstellen sehr genau kennen, und man muß Bescheid wissen über die Leistungsfähigkeit des Schiffes. Ferner erkundigt man sich, ob der Tag günstig ist oder nicht. Sind alle Umstände geklärt, so setzt man die Segel und läuft aus, mit oder ohne Begleitung anderer Schiffe. Nun paßt man sich den jeweiligen Verhältnissen an. Man segelt entweder vor dem Wind, oder man läßt sich vom Rückenwind treiben; steht der Wind entgegen, so gilt es – und dazu muß man von Anfang an entschlossen sein –, einige Meilen die Ruder zu betätigen, um den auf der anderen Seite liegenden Hafen zu erreichen.
Im menschlichen Leben kommt es darauf an, daß man auf solche Weise entschlossen ist, Schwierigkeiten unter Einsatz der ganzen Kraft zu überwinden.

112

In der Schwertkunst, im Kampf geht es gleichermaßen um ein »Hinübersetzen«. Indem man den Rang des Gegners und seine eigenen Fähigkeiten richtig erkennt, wird man wie ein guter Kapitän die Schwierigkeiten der Überfahrt mit den Mitteln des Heihô überwinden. Hast Du die »Überfahrt« geschafft, so kannst Du hinsichtlich alles Weiteren beruhigt sein. Denn nun ist es möglich, den Gegner in eine Position der Schwäche zu drängen und die Führung an Dich zu reißen. In vielen Fällen ist bereits damit Dein Sieg gesichert.
Da ein solches »Hinübersetzen« sowohl in einer großen Schlacht als auch im Einzelkampf entscheidende Bedeutung hat, solltest Du dies wohl studieren.

»Hinübersetzen« bedeutet, aus einem Traum oder aus einer Idee Wirklichkeit werden zu lassen, bedeutet, nicht nur Absichten zu äußern, sondern auch zu Handlungen zu kommen.
  Wolltest Du als Kind nicht versuchen, mit einem Brett einen Bach zu überqueren? Du standest doch auch schon an einem Fluß und hast davon geträumt, auf der anderen Seite zu sein. Und irgendwann einmal hast Du vielleicht auch vom Überqueren des Großen Teiches geträumt. Ob Bach, Fluß oder Atlantik, der Wunsch des Hinübersetzens war immer von besonderem Reiz und von bestimmten Risiken begleitet.
  Es ist doch ganz natürlich, vor dem Hinübersetzen alle Risiken zu bedenken, auf einen günstigen Augenblick zu warten. Doch dann kommt der Augenblick der Handlung. Und häufig wird es so sein, daß Dich bei Deiner Überfahrt keiner begleiten kann oder wird und daß Dir klar werden muß, daß Du keine Chance zur Rückversicherung hast. Weil gilt – das wird besonders in der Seefahrt deutlich –, daß Du Dich von bekannten Ufern lösen mußt, um Deine neuen Ziele zu erreichen. Und Du mußt Dir vor dem Ablegen über alle möglichen, auch über die sehr unwahrscheinlichen Anstrengungen im klaren sein. Ob Dein Hinübersetzen erfolgreich sein wird, hängt entscheidend von Deiner Bereitschaft ab, Schwierigkeiten unter Einsatz Deiner ganzen Kraft zu überwinden.
  Wer hinübersetzt, also neue, andere Ufer betritt, löst sich von der Absicht und kommt zur Handlung, wird damit vom Zuschauer und Träumer zum Kapitän. In vielen Fällen sind die größten Anstrengun-

gen während der »Überfahrt« zu bewältigen. Hast Du erst einmal das andere Ufer erreicht, dann ist Dein Erfolg sehr realistisch. Noch wichtiger: Dein Erfolg wird erst durch das Hinübersetzen möglich!

Einige Beispiele für die praktische Bedeutung: Es kann für Deine Karriere notwendig sein, daß Du »hinübersetzt«. Damit meine ich: Es kann vielfach sinnvoll oder notwendig sein, Stadt, Land, Branche oder Arbeitsfeld radikal zu wechseln. Falsch ist folgender Weg: Der leitende Mitarbeiter eines gemeinnützigen Unternehmens entschließt sich, für sich selbst ein »zweites Bein« zu schaffen. Er kauft ein kleines Handelsunternehmen dazu, das er aber als Teilzeitinhaber führen will. Aus seinem Sicherheitsdenken heraus bringt er es tatsächlich fertig, sowohl bei der Gesellschaft Angestellter zu bleiben, als auch sein eigenes Unternehmen zu führen. Was ist dabei herausgekommen? Die Karriere bei der Gesellschaft fand ihr Ende, und das eigene Unternehmen krebst so dahin!

Ein anderes Beispiel: Ein mittelständischer Handwerksbetrieb will in eine neue Technologie einsteigen mit dem Ziel, sich dadurch neue Märkte zu erobern. Die Investition für die Maschinen beträgt 180 000 DM. Dieses Geld ist da, was fehlt, ist die Überlegung, was denn nun passieren muß, um die neue Technologie zu nutzen. Wie soll das publiziert werden, wann wird die Mitarbeiterschulung erfolgen, wie wird die Konkurrenz reagieren, und wann und wie letztendlich wird es zu einer Amortisation kommen? Man kann mit einer an sich richtigen Entscheidung trotzdem viel Geld kaputtmachen, wenn man nur bis zur Flußmitte kommt!

Bevor Du hinübersetzt, wirst Du als Krieger Rang und Fähigkeit des Gegners, als Manager die Schwierigkeiten des Problems oder die Größe der Herausforderung genau studieren. Dabei gilt folgender Grundsatz: Je schwieriger die zu erwartende Auseinandersetzung, um so konsequenter und entschlossener muß das Hinübersetzen durchgeführt werden. Ein Beispiel: Angenommen, Du bist Raucher und bist entschlossen, Nichtraucher zu werden. Das schaffst Du nur durch entschlossenes Hinübersetzen, durch ein Nie-wieder-werde-ich-Rauchen-Verhalten, ohne jegliche Rückversicherung. Jedes halbherzige: »Ach, eine probier' ich mal!« wird Dich das Gefecht verlieren lassen. Hast Du dieses Prinzip erkannt, ist es Dir möglich, nach dem Hinübersetzen jeden Gegner, jedes Problem in eine Position der Schwäche zu bringen. Dadurch kannst Du die Führung an Dich reißen, um so den Fortgang der Entwicklung selber zu bestimmen. So sicherst Du Deinen Sieg.

Mußt Du mit Deinem ganzen Unternehmen hinübersetzen, etwa bei Verlegung der Betriebsstätte, Umzug in ein anderes Gebäude, Änderung der Besitzverhältnisse oder Stillegung eines Betriebes, wirst Du sorgfältige Vorbereitungen treffen. Doch entscheidend für das Gelingen ist hier eine einzige, besondere Handlung: Wenn alle Mitarbeiter mit »hinübersetzen« müssen, dann sind einige »Matrosen« ängstlich, nicht jeder »Bootsmann« traut dem Vorhaben, selbst bei den »Offizieren« kann und wird es Zweifel geben. Doch Du bist derjenige, der Mut machen muß, der Verständnis für die Angst und den Zweifel haben muß. Am leichtesten ist das durch eine offene Informationspolitik zu bewerkstelligen. Wenn Menschen Angst haben, heißt das immer nur, daß ihnen die notwendige Information zur Beurteilung der entsprechenden Situation fehlt. Willst Du Angst nehmen, dann gib die notwendige Information.

Das »Hinübersetzen« bietet sich viel häufiger an, als Du vielleicht denkst, und es wird auch viel häufiger gefordert. Darum studiere dieses Kapitel sehr sorgfältig. Untersuche rückwirkend, warum Du Dich solchen Gelegenheiten des »Hinübersetzens« entzogen hast – nicht um Dich zu rechtfertigen, sondern damit Du lernst, die Chancen zu sehen!

Das Erkennen der Lage

Die Lage zu erkennen heißt, bezogen auf die Schlacht, den Gegner daraufhin zu beurteilen, ob er noch im Vollbesitz seiner Kräfte ist oder bereits wankt. Es bedeutet, den Kampfgeist seiner Truppen und die von ihnen eingenommenen Positionen abzuschätzen und sich auf diese Weise ein klares Bild von seinem Zustand zu verschaffen, um dann die eigenen Truppen entsprechend in Bewegung zu setzen. Durch die Anwendung dieser Strategie gebietest Du über den Sieg, denn du kämpfst mit der Voraussicht des Kommenden.
Auch beim Einzelkampf, nachdem Du herausgefunden hast, welcher Schule Dein Gegner angehört, welche Qualitäten er besitzt und wo

seine Stärken und Schwächen liegen, mußt Du genau im Gegensatz zu den gegnerischen Fähigkeiten vorgehen, mußt seinen Rhythmus, sein Tempo ausnutzen, um Mal für Mal von Deiner Seite aus den Fortgang des Kampfes zu bestimmen. Schon dadurch, daß Du die Lage vorausschauend beurteilen kannst, gewinnst Du die notwendige Überlegenheit. Versuche, das Wesen des Heihô zu erfassen, und Du wirst, was der Gegner plant, richtig einschätzen, so daß Du viele Mittel hast, ihn zu besiegen. Das bedenke sorgfältig.

Zur Beobachtungsstrategie gehört die ständige Frage, ob der Konkurrent noch im Vollbesitz seiner Kräfte ist. Es ist ja nicht so, daß in einem Unternehmen alle Felder (Truppen) gleichmäßig stark ausgebildet und stabilisiert sind. Wahrscheinlicher ist, daß einige Bereiche besonders stark sind, während andere Unternehmensbereiche eher schwach sind. Bezeichnend ist in diesem Zusammenhang aber ein entscheidender Umstand: Es ist überhaupt nicht gesagt, daß der Unternehmensbereich, den Du bei Deinem Konkurrenten für besonders stark oder aber eher schwach hältst, von diesem genauso beurteilt wird. Es ist sogar vorstellbar, daß Dein Konkurrent genau diesen Teil entgegengesetzt einschätzt.

So wie die Konkurrenzanalyse von vitaler Bedeutung ist – vergleiche noch einmal die Ausführungen des Abschnitts »Aufs Kissen drücken« –, so zwingend notwendig ist auch ein Beurteilungsrahmen. Es gibt wahrscheinlich sehr verschiedene Möglichkeiten für ein Beobachtungsraster, der Einfachheit halber sei jedoch nur an das McKinsey-7-»S«-Modell erinnert (Selbstverständnis, Struktur, Systeme, Stil, Stammpersonal, Spezialkenntnisse und Strategie). Ausgehend von diesen sieben »S« lassen sich jetzt die verschiedenen Truppenteile des Konkurrenten und der eigenen Armee vergleichen. Dieser Beurteilungsrahmen von McKinsey ist relativ weich, verführt nicht zu absolutem, hartem und faktischem Denken und ermöglicht Dir dann einen besonderen Vorteil, wenn Dein Konkurrent eben dazu neigt, besonders faktisch zu denken.

Angenommen, Dein Konkurrent arbeitet mit ganz strengen Finanzzielen für die einzelnen Geschäftsbereiche, so daß der wahrscheinliche Jahresgewinn bereits zu Beginn eines Geschäftsjahres feststeht. Dieses System wird schon über mehrere Jahre angewandt und,

116

»wie man so hört«, mit recht ansehnlichem Erfolg. Dein Konkurrent hält sich hier für stark.

Doch aus diesem starken »Truppenteil« kann eine entscheidende Schwäche erwachsen! Die Frage lautet: Welche Mitarbeiter kann man mit der Budgetierung motivieren? Vielleicht nur die oberen Führungskräfte, nicht aber alle Mitarbeiter einer Organisation. Da, wo die Motivation nicht hinreicht, sind die Schwächen zu suchen; also dort, wo produziert wird und Qualität entstehen soll, dort, wo der Service organisiert wird und Kundennähe praktiziert werden soll; vielleicht sogar in den »untersten« Reihen des Verkaufs, was ja in Wahrheit immer die vorderste Reihe ist. Du siehst selber, daß sich bei Veränderungen der Annahmen oder Unterstellungen sofort neue Perspektiven und somit auch neue Angriffsflächen ergeben.

Ein anderes Beispiel: Ein Konkurrent entschließt sich, seine wichtigste Speerspitze, den Vertrieb, weiter auszubauen, um noch flächendeckender arbeiten zu können. Diese Maßnahme, die ihn stärken soll, verlangt die Investition von Geld und Managementkraft. Falsch wäre jetzt Deine Reaktion, wenn Du ebenfalls in Dein Vertriebsnetz investieren würdest, nur um gegenzuhalten. Besser ist es, wenn Du Deinen Angriff auf den »Nachschub« richtest, indem Du den Kunden besonders günstige Finanzierungskonzepte anbietest. Diesem Weg wird er nicht auch noch folgen können, denn jetzt trifft ihn Dein Angriff doppelt schwer, weil Du gegen die Aktionsrichtung des Konkurrenten zuschlägst.

Um Dein eigenes Unternehmen gegen einen solchen Konkurrenten zu sichern, mußt Du Dir überlegen, ob Deine angenommenen Stärken und Schwächen von dem Konkurrenten auch so gesehen werden oder ob er andere Gewichtungen vornimmt.

Auf der Grundlage des »Erkennens der Lage« ist jetzt auch die Voraussicht des Kommenden möglich. Was auch immer Dein Konkurrent unternimmt, Du bist gedanklich dabei oder sogar schon voraus. Übe beständig »das Erkennen der Lage«, nicht mit dem eitlen Ziel des: »Da hab' ich wieder einmal Recht gehabt!«, sondern aus der Notwendigkeit heraus, in der Schlacht durch die Voraussicht des Kommenden zu siegen, um somit Deine Mitarbeiter nicht zu gefährden. Dieses bedenke sorgfältig, und der Sieg ist Dir nicht mehr zu nehmen.

Das Schwert niedertreten

Die Methode, »das Schwert niederzutreten«, wird in der Kampfkunst häufig angewandt. Wenn der Gegner eine große Schlacht damit beginnt, daß er Bogen- und Gewehrschützen einsetzt, wird er unmittelbar, nachdem sie geschossen haben, zum Angriff übergehen. Würden wir also erst jetzt die Bogen spannen und die Musketen stopfen, kämen wir zum Gegenangriff zu spät. In diesem Falle ist es besser, wenn wir sofort angreifen, und zwar noch während der Gegner mit Bogen und Gewehren schießt. Denn wenn wir sofort angreifen, wird er außerstande sein, uns mit seinen Pfeilen und Kugeln wirkungsvoll zu treffen. Es kommt darauf an, das Vorhaben des Gegners nicht mit Gleichem zu beantworten, sondern seinen Angriff »niederzutreten« und so zu siegen.

Auch im Kampf Mann gegen Mann führst Du die Entscheidung nicht dadurch herbei, daß Du das schon auf Dich herniedersausende Langschwert Deines Gegners mit Deiner Klinge klirrend abschlägst. Du mußt vielmehr in der Absicht, ihn buchstäblich mit den Füßen niederzutreten, bereits dann angreifen, wenn er erst zum Angriff ansetzt, und zwar so, daß er zu keinem zweiten Hieb mehr fähig ist.

Natürlich bedeutet dies Niedertreten nicht nur ein Niedertreten mit den Füßen. Mit Deinem Körper und mit Deinem Geist und allerdings sehr wohl auch mit Deinem Langschwert tritt ihn nieder, und er wird sein Vorhaben nicht wiederholen können.

Mit anderen Worten: Es geht darum, ihm in jeder Hinsicht zuvorzukommen. Und bist Du einmal am Gegner, so braucht es weiter kein Anrennen. Bleibe nur fest an ihm. Dies mußt Du gründlich studieren.

Die wesentliche Lehre dieser Methode ist, daß Du einen Angriff nicht nur mit gleicher Stärke zurückschlagen sollst, sondern über das bloße Kontern hinausgehen mußt. Wenn Du Dich darauf beschränkst, Gleiches mit Gleichem zu beantworten, dann besteht die Gefahr, daß ihr beide euch gegenseitig hochschaukelt, ohne zu einem wirklichen Ergebnis zu kommen.

Das ist zum Beispiel exemplarisch bei Preiskämpfen zu beobachten: Ein Unternehmen legt eine Preisreduzierung von 2 Prozent vor, und das andere antwortet ebenfalls mit einem Nachlaß von 2 Prozent. Dieses Spiel läßt sich nun wiederholen und so lange fortsetzen, bis der erste die Segel streicht, was aber vielleicht nur noch ein theoretischer Sieg ist, denn in Wahrheit ist auch der andere schon längst »ausgeblutet«.

Wenn Dich ein Konkurrent über den Preis angreift, dann mußt Du sein Schwert buchstäblich »mit den Füßen niedertreten«. Dieses Bild solltest Du Dir richtig vor Augen halten oder – noch besser – mit einem Partner ausprobieren. Du kennst die Redensart: »Dem bin ich auf die Füße getreten!« Damit wird ein Zunahekommen ausgedrückt. Wenn Du jemanden mit den Füßen niedertreten willst, dann sieht das körperlich so aus: ganz aufrechte Körperhaltung, angezogenes Kinn, ohne den Blick zu senken, dominierendes Becken und kurzes, heftiges Gestampfe mit den Füßen. Du mußt Dir dabei richtig vorstellen, jemandem von oben »aufs Schwert zu treten«. Du erkennst jetzt durch das körperhafte Ausprobieren, daß es hier wirklich nicht darum geht, etwa Gleiches mit Gleichem zu vergelten, sondern daß das Ziel heißt, das Vorhaben des anderen im Ansatz niederzutreten.

Angenommen, Du erfährst von den Überlegungen der Konkurrenz, den Preis für ein Produkt zu reduzieren, egal aus welchem Grund. Gleiches mit Gleichem beantworten hieße jetzt, ebenfalls den Preis zu reduzieren. Doch Du gehst diesen Weg nicht mit! Während er reduziert, wirst Du Deinen Werbeetat drastisch erhöhen, Verkaufsförderungsaktionen für Händler einsetzen, wo es nur geht eine breite Promotion starten, Deinen besonderen Produktnutzen oder -wert herausstellen und – wenn möglich – die Preispolitik des Konkurrenten »verunglimpfen«!

Nimm weiter an, Du hast einen Konkurrenten bereits in eine schwierige Lage gebracht oder Du kannst zu Recht vermuten, daß Dein Konkurrent, aus welchem Grund auch immer, in einer schwierigen Lage ist und nun über eine aggressive Preispolitik ausbrechen will, dann führe die vorgenannten Aktionen so schnell und wirkungsvoll wie möglich durch. Wenn Du den Zeitpunkt richtig wählst, dann wird er entnervt aufgeben.

Studiere darum noch einmal »Sen-sen-no-sen« und »das Erkennen der Lage«.

Das Erkennen des Zusammenbruchs

Alles kann zusammenbrechen. Die Familie, der Leib, die Feinde kön-
nen zusammenbrechen, und zwar dadurch, daß ihre Zeit gekommen
ist und ihr Rhythmus in Unordnung gerät.
In der Schlacht ist es wichtig, daß Du erkennst, wenn sich der Gegner
in seinem Rhythmus verwirrt, damit Du ihn, ohne diesen Augenblick
zu versäumen, in die Enge treibst. Hast Du es versäumt, diesen Augen-
blick zu nutzen, so besteht die Gefahr, daß der Gegner zu seiner
Ordnung wieder zurückfindet.
Auch im Einzelkampf geschieht es, daß der Gegner gelegentlich aus
dem Rhythmus kommt oder daß er vor dem Zusammenbruch steht.
Entgeht dies Deiner Aufmerksamkeit, so wird er sich wieder erholen
und in seinen vorherigen Zustand zurückkehren, und damit ist die
Entscheidung dann hinausgeschoben. Achte also auf die Anzeichen
seines Zusammenbruchs, und gehe, um sein Wiederaufkommen zu
verhindern, dazwischenfahrend auf ihn los; das heißt, nutze diese
Bresche, und schlage ihn mit einem einzigen, kraftvollen Hieb nieder.
Diese Art des Zuschlagens solltest Du gut begreifen.

Wie nützlich diese Beobachtungen sein können, wird deutlich, wenn
man am Beispiel von Krieger und Manager gemeinsam nach den
Anzeichen des Zusammenbruchs sucht.

Der unerfahrene Krieger
Häufig handelt es sich dabei um einen jungen, mutigen oder sogar
übermütigen Krieger, dessen Erfolge allein auf seinem Siegeswillen
beruhen.

Der junge Krieger ist nicht durch mehr Mut oder mehr Kraft zu
besiegen, wohl aber durch Erfahrung und Ausnutzung seiner Haupt-
schwäche, des ungestümen Kämpfens.

Der unerfahrene Unternehmer
Der junge Unternehmer ist häufig nur deswegen erfolgreich, weil sein
»Talent« im Ausnutzen einer Nische besteht. Sein Hauptmangel ist
die unternehmerische Qualifikation. Er ist zunächst nicht in seiner
Nische zu schlagen – das solltest Du erst gar nicht versuchen.

Seine Mängel sind wahrscheinlich im personenbezogenen Führungsstil zu finden und bei der Berücksichtigung notwendiger Finanzmittel für mittelfristige Ziele.

Der erfahrene Krieger
Seine Mächtigkeit entspringt der körperlichen Frische, gepaart mit reichlich Kampferfahrung. Seine Mächtigkeit basiert allein auf Siegen, sonst wäre er ja auch gar nicht so weit gekommen.

Seine Schwäche liegt in mangelnder Ausdauer und dadurch falschem Zeitgefühl und in der wahren Bedeutung des Schwertweges. Falls er eine Armee führt, ist sein besonderer Mangel in der fehlenden Aufmerksamkeit für Nachschubwege und in der gegnerischen Vorausschau zu sehen. Er kämpft nicht ergonomisch.

Der erfahrene Unternehmer
Er konnte wachsen, weil er die grundsätzlichen Führungsfehler des jungen Managers nicht gemacht oder aber überlebt hat. Sein Hauptmangel liegt weniger im Kapital- oder Finanzierungsbereich, sondern ausgesprochen häufig im organisatorischen Bereich. Nach der Pionierphase der Firmengründung folgt zumeist eine Phase der Konsolidierung. Doch dafür fehlen der Blick und die Einsicht der Notwendigkeit.

Der Autohersteller Ford ist dafür ein Beispiel, der auf Grund organisatorischer Fehler zu einem kritischen Zeitpunkt seine besten Leute verlor, die dann eine eigene Marke gründeten. Insbesondere Erfinder erleiden so ihr Schicksal.

Der große Krieger
Seine größte Schwäche ist die, daß er nicht auf dem Weg des *Heihô* geblieben ist, sondern sich in arroganter Weise über andere Krieger lustig macht und sie dabei auch noch unterschätzt.

Er wird verbesserte Kampftechniken, neue Rüstungen, veränderte Taktiken und Strategien immer an den eigenen, zurückliegenden Erfolgen messen und dabei immer zu dem gleichen Ergebnis kommen: Die schaffen mich nicht! Führt er eine Armee, wird er seine Soldaten mit alten Erfolgsgeschichten langweilen und nur noch zu traditionellen Manövern fähig sein.

Der große Unternehmer
Seine Schwäche und Angriffsfläche ist seine Arroganz. Er überschätzt seine persönlichen Erfolge und Leistungen, überschätzt seine Firmengröße, seinen Marktnamen, die Qualität seiner Produkte und vor allem die langfristige Wirkung seiner Erfolge! Eine besondere Schwäche ist seine Größe. So wie im Schatten einer Eiche kein anderer Baum nachwachsen kann, fehlt häufig bei großen Persönlichkeiten jeder Ansatz für gute Manager der zweiten Reihe, gibt es oft keine Chance für einen Nachfolger. Nicht umsonst brechen viele Unternehmen zu Beginn der zweiten Generation zusammen.

Tritt die Kombination von Starrheit und Sturheit auf, eventuell noch gepaart mit Arroganz, dann bedarf es nur eines oder mehrerer cleverer Gegner, die das Zeug zum Großen haben, aber jetzt noch aus der »Position Nische« angreifen müssen. Das Unternehmen ist dann schnell verloren!

Sich in den Gegner verwandeln

»Sich in den Gegner verwandeln« heißt, sich selbst in seine Lage zu versetzen, von seinem Standpunkt aus zu denken. Im Alltagsleben ist man zum Beispiel geneigt, einen Räuber, der sich in einem Haus eingeschlossen hat, für außerordentlich stark zu halten. Verwandeln wir uns jedoch einmal in diesen Gegner, so werden wir das Gefühl haben, die ganze Welt stünde gegen uns und es gäbe keinen Ausweg mehr. Der Eingeschlossene ist der Fasan, und der, der hineingeht, um ihn zu fangen, ist der Falke. Das muß Dir klar sein.

In der Schlacht neigen manche dazu, übervorsichtig zu sein, weil sie glauben, der Gegner sei stark. Verfügst Du indessen über gute Truppen und kennst Du die Strategie und die Techniken des Kampfes, wirst Du den Gegner nach Deinem Willen besiegen und hast keinen Grund zur Besorgnis.

Im Einzelkampf mußt Du gleichfalls versuchen, Dich in die Lage des Gegners zu versetzen. Denn wenn Du Dich nur beeindrucken läßt und denkst: »Er versteht sich aufs Kämpfen, er kennt die Prinzipien und ist mir in seiner Technik überlegen«, so wirst Du gewiß den kürzeren ziehen. Das durchdenke gut.

122

Für den Erfolg in der Schlacht ist es notwendig, sich in den Gegner verwandeln zu können. Das gilt selbstverständlich auch im Geschäftsleben. Doch es ist nicht sicher, ob Du Dich dann, wenn es zu einer schwierigen Situation kommt, auch noch tatsächlich in den Gegner verwandeln kannst. Es besteht die Gefahr, daß Dir die innere Ruhe fehlt und Du darum diesen nützlichen Gedanken schnell fallenlassen wirst.

Darum nutze in ruhigen Zeiten die Gelegenheit, Dich in die Rolle eines anderen zu verwandeln. Beachte bitte das Wort »verwandeln«. Damit ist nicht gemeint, sich in einen anderen »hineinzuversetzen«. Versetzen bedeutet, wie der andere zu sehen, verwandeln bedeutet, wie der andere zu sein.

Sich in »einen anderen verwandeln« wird häufig falsch angepackt. Da sagt der Chef: »Ich muß mal wieder an die Verkaufsfront, muß wissen, wie unsere Leute sich so schlagen, wie unsere Produkte so ankommen und wie eigentlich unsere Kunden so sind.« Und dann zieht dieser Chef als Chef los. Und was wird er erleben: Die »Verkaufsfront« aus Sicht des Chefs! Ein anderer Chef sagt: »Ich geh’ mal bei uns einkaufen, um das Kundenerlebnis zu haben.« Welche Erfahrung wird er machen? Er wird als Chef das Kundenerlebnis haben! Das ist zu vergleichen mit dem guten und dem schlechten Schauspieler: Der schlechte kann spielen, was er will, er bleibt immer nur er selber. Der gute Schauspieler hingegen gibt sich der jeweiligen Rolle voll hin.

Es ist für einen Manager zwingend notwendig, immer wieder zu lernen, »andere zu sein«. Das hat vor allem zwei Vorteile: Zum einen wächst Dein Verständnis für die Situation anderer. Du lernst zu fühlen und zu sein wie Dein Gegenüber. Das hilft Dir, Deine Mitmenschen besser zu verstehen, ein Gespür für ihre Wünsche, Sehnsüchte, Ängste, Sorgen, Nöte und Sichtweisen zu bekommen. Zum anderen erwächst Dir aus dem Verwandeln der große Vorteil, Deinen Gegner sehr früh zu durchschauen, um ihn dann »aus *seiner* Sicht zu besiegen!«

Die vier Hände freimachen*

Das »Freimachen der vier Hände« ist dann anzuwenden, wenn ihr beide – Du und Dein Gegner – durch ein gleichgerichtetes Vorgehen so in eine gegenseitige Blockade geraten seid, daß es zu keiner Entscheidung kommen kann. In einem solchen Falle überlege, wie Du unter Aufgabe Deiner bisherigen Absichten und mit anderen Mitteln gewinnen kannst.
Wenn es in einer Schlacht zu einer Situation kommt, in der alles gleich gegen gleich steht, wirst Du zu keiner Entscheidung gelangen, sondern viele Deiner Leute verlieren. Dann ist es am besten, Du verzichtest auf Deine bisherigen Absichten und wendest statt dessen Methoden an, die der Gegner nicht erwartet, und siegst auf diese Weise.
Auch beim Kampf Mann gegen Mann mußt Du, sobald Du bemerkst, daß eine »Vier-Hände«-Situation entstanden ist, Deine Absicht ändern und, um zu siegen, die Methoden anwenden, die nach Deiner sorgfältigen Beobachtung des Gegners der Lage entsprechen. Versuche, Dein Urteil hierüber zu schärfen.

Die Wichtigkeit dieser Technik soll zunächst an einer praktischen Erfahrung geschildert werden. Beim Kendô kannst Du drei Möglichkeiten im Angriff erleben ...

– Du erkennst zu spät die Absicht Deines Gegners. Er wird Dich mit Wertung treffen. – Du erkennst sein Vorhaben bereits im ersten Ansatz. Du machst einen Wertungspunkt. – Ihr beide schlagt absolut gleichzeitig zu. Dann kann es eben nicht zu einem Treffer kommen.

Wenn ihr beide das gleiche auch noch gleichzeitig vorhabt, dann wird es nie zu einer Entscheidung kommen können. Wiederholt sich eure »Gleichheit« mehrmals und kommt es daher zu keiner Entscheidung, macht es keinen Sinn, die Wiederholungsformen zu verstärken. Es macht nur Sinn, auf sie zu verzichten. Aus der daraus gewonnenen »Andersartigkeit« läßt sich dann der Vorteil ziehen.

Ähnliches gilt im Marketing. Ein Beispiel, wie Gleichheit durch-

---

* Japanisch *Yotsu-de o hanasu.* Der Ausdruck *Yotsu-de* beschreibt eine Pattsituation im Kampf, vor allem beim japanischen Sûmô-Ringen: Die Gegner haben sich mit beiden Armen fest umklammert, und jeder fürchtet, beim Loslassen *(hanasu)* in eine für ihn ungünstige Lage zu geraten.

124

brochen werden kann: Viele Tiefbauunternehmen und Städtereinigungsbetriebe benötigen zur Kontrolle der verschiedenen Röhren dafür geeignete Fernsehkameras. Für diese Kameras gibt es mehrere Hersteller. Interessant war, daß die Prospekte aller Bewerber relativ gleich waren. Alle zeigten auf der Titelseite in schwarz-weiß die Kamera, einige sogar in relativer Anwendungsnähe. Ein Hersteller änderte jetzt die Darstellungsform und kündigte auf der Titelseite an: »Ein Blick in die Unterwelt«. Auf einer regennassen Straße wird von unten her, von einer Frau mit schicken Fingernägeln, ein Kanaldeckel hochgedrückt. Neben dem Deckel steht in passiver Haltung ein Mann, der den Kraftakt dieser ansonsten nicht sichtbaren Frau beobachtet. Das Titelbild verspricht eine Geschichte! Natürlich kommt dann der Hersteller auf den Innenseiten zum eigentlichen Thema. Legt man nun die Prospekte der gesamten Branche nebeneinander, dann fällt allein dieser Prospekt heraus und gewinnt für sein Produkt zunächst die erste Runde der Aufmerksamkeit.

Jetzt sind die Konkurrenten in Zugzwang: Wollen sie im Wettbewerb mithalten, müssen sie in der Schlacht um die Aufmerksamkeit Punkte sammeln, müssen also die Qualität ihrer Prospekte drastisch verbessern, was neben Ideen auch noch zusätzliches Geld erfordert. An dieser Schwelle werden einige der Konkurrenten haltmachen müssen. Der Vorsprung ist da, ob die Schlacht gewonnen wird, ist offen.

Den Schatten in Bewegung bringen

»Den Schatten in Bewegung bringen« mußt Du dann, wenn Du die Absichten Deines Gegners nicht zu durchschauen vermagst. Sobald Du Dir in der Schlacht über die Verhältnisse auf der gegnerischen Seite nicht klar bist, tust Du so, als wolltest Du mit Macht angreifen. Dadurch werden Dir die Pläne Deines Gegners deutlich werden. Hiernach ist es ein leichtes, durch die Anwendung der entsprechenden Mittel zu siegen.

So auch im Einzelkampf. Kannst Du, weil der Gegner sein Langschwert noch hinten oder seitwärts versteckt hält, nicht erkennen, wie er herauskommen will, brauchst Du nur einen plötzlichen Ausfall gegen ihn zu unternehmen, und er wird Dir mit seinem Lang-

schwert zeigen, welches seine Absichten sind. Diese Kenntnis ausnut-
zend, ergreifst Du die entsprechende Gegenmaßnahme und wirst mit
Sicherheit siegen. Aber selbst wenn Dir der Gegner so seine Absichten
offenbart hat, darfst Du keine Unachtsamkeit begehen, sonst verfehlst
Du den richtigen Rhythmus. Das mußt Du gut studieren.

Stell Dir zunächst vor, Du würdest während der Nacht mit jemandem kämpfen. Das einzige Licht ist das des Mondes. Dann bist Du
nicht in der Lage, aus dem Gesicht Deines Gegners dessen Absichten
zu erkennen. Allein die Bewegung seines Schattens, durch den Mond
geworfen, verrät Dir seine Absicht und seine Schwerthaltung.

In wirtschaftlichen Schlachten ist es für das eigene Überleben
wichtig, die Absichten des Gegners früh zu erkennen. Nicht immer ist
es zweckmäßig zu warten, bis die Absicht des anderen erkennbar ist.
Besser ist es in jedem Fall, selber aktiv zu werden, um damit auch die
Handlung des anderen zu provozieren, insbesondere dann, wenn Du
sogar so weit gehen kannst, daß Du durch Dein Verhalten die Aktionen der Konkurrenten vorherbestimmst. Studiere dazu diese Technik.

Welche Möglichkeiten hast Du nun, um »auf den Busch zu klop-
fen«? Eine sichere Methode ist die, die Absicht Deines möglichen
Vorhabens über informelle Kanäle der Konkurrenz mitzuteilen. Der
Vorteil besteht darin, daß allgemein den Nachrichten aus informellen
Kanälen mehr geglaubt wird als offiziellen Nachrichten. Natürlich
ist es notwendig, daß Du dazu die Strukturen der informellen Quellen
und Kanäle genau kennst.

Es mag manchmal notwendig sein, Deinen Gegner durch falsche
Informationen zu täuschen bzw. ihn durch Fehlinformationen zu
einem bestimmten Verhalten zu bewegen. Begehe jedoch nicht den
Fehler, Journalisten für solche Zwecke gezielt zu mißbrauchen! Wenn
man Dich dabei erwischt, fehlt Dir in schwierigen Schlachten die
notwendige Berichterstattung. Bestücke auch nie eigene Leute mit
Fehlinformationen, um die Konkurrenz zu täuschen!

»Den Schatten in Bewegung bringen« geht am ehesten durch per-
sönliche Gespräche. Die Form dieser Gespräche erfordert viel Geschick und Erfahrung. Sie leben davon, daß nur Absichten angekün-
digt werden, es aber nicht zum eigentlichen Schlag kommt. Studiere
diese Technik sorgfältig, und übe mit großer Geduld.

Den Schatten niederhalten

»Den Schatten niederhalten« ist die Taktik, die Du dann anwendest, wenn Du die Angriffspläne des Gegners durchschaust. Sobald der Gegner in der Schlacht zu einer bestimmten Taktik ansetzen will, führst Du ihm nachdrücklich eine Gegenbewegung vor Augen, die diese seine Absichten vereiteln würde. Unter einem solchen Zwang wird er seine Taktik ändern. Hierauf kommst Du ihm dadurch zuvor, daß Du eine abermals neue Taktik ergreifst, mit der Du ihn dann überraschst und besiegst.

Auch im Einzelkampf kannst Du einen noch so entschiedenen Plan des Gegners dadurch vereiteln, daß Du ihm Deinen Rhythmus aufzwingst, ihn darin festhältst und, sobald Du die Möglichkeit zum Sieg erkennst, ihm blitzschnell zuvorkommst. Das mußt Du gründlich üben.

Zwei Welten, die sich ergänzen und nicht widersprechen: Die Kunst der Samurai und das Jahr 2000.

Auch hier zunächst die bildhafte Vorstellung: Wenn Du den Schatten Deines Gegners niederhältst, dann bedeutet das für ihn, daß er sich überhaupt nicht bewegt. Das Ziel dieser druckvollen Technik besteht darin, dem Gegner jeden Versuch der eigenen Körperbewegung als sinnlos vor Augen zu führen. Diese körperhafte Lähmung führt zwangsläufig auch zu einer gedanklichen Lähmung!

Die praktische Nutzanwendung dieser Technik wird in der Diskussionstechnik deutlich: Wie verhältst Du Dich eigentlich, wenn Du die Argumentationsrichtung Deines Gesprächspartners erkannt oder durchschaut hast? Du antwortest oder argumentierst wahrscheinlich so: »Sie werden jetzt sagen wollen...« oder »Ihr Einwand wird jetzt sein, daß...« Das heißt, Du nimmst ihm seine eigene Argumentation »aus dem Mund«. Du machst ihn sprachlos, weil er außer einem bestätigenden Nicken nichts mehr zu tun hat, denn alle seine Gedanken, Einwände und Beweise werden ja von Dir vorgetragen!

Um einen Konkurrenten im Markt ruhigzuhalten, genügt es oft schon, wenn man sein »Erinnerungsvermögen« ausnutzt. Menschen lernen ja unter anderem, die Dinge zu wiederholen, die sie erfolgreich erledigen konnten, was umgekehrt heißt: Menschen vermeiden die Handlungen, die ihnen einen Mißerfolg einbrachten. Angenommen, Du hattest mit einem Gesprächspartner oder einem Wettbewerber schon einmal eine Auseinandersetzung, die dieser als Niederlage in Erinnerung hat, dann sende ihm Signale, die diese Erinnerung wachrufen! Fehlt Deinem Konkurrenten ein eigenes Negativerlebnis, so kannst Du ihm die Erinnerung an das Versagen eines anderen Konkurrenten »anbieten«. Es werden ja ständig Flops im Markt produziert, so daß es keine Schwierigkeit machen wird, Deinem Gegner einen entsprechenden Hinweis zu geben. Wenn er nicht wirklich entschlossen ist, weil ihm vielleicht Informationen fehlen, dann wird er von seinem Vorhaben die Finger lassen.

Sieht Dein Konkurrent die Zwecklosigkeit seines Vorhabens ein und schickt sich an, Dein Territorium zu verlassen, dann bleibe an ihm und begleite ihn aus Deinem Markt, so wie Du einen Besucher an die Tür begleitest.

Bei dieser Technik ist es wesentlich, daß es nicht zum Hieb kommt. Die Stärke dieser Technik liegt darin, das Wollen des Gegners im Ansatz zu ersticken.

128

Beeinflussung durch Übertragung

Vieles ist auf andere übertragbar. Müdigkeit und Gähnen können ansteckend wirken. Auch das Zeitgefühl ist übertragbar.

Ist in einer großen Schlacht der Gegner erregt und versucht er, die Dinge rasch voranzutreiben, so gehe in keiner Weise darauf ein, sondern zeige ihm vielmehr eine sichtbar ruhige Haltung. Hierauf wird es der Gegner Dir gleichtun, und sein Kampfgeist wird erschlaffen. Sobald Du nun spürst, daß sich die Stimmung solchermaßen auf ihn übertragen hat, greifst Du ihn mit der größten Unbekümmertheit, aber rasch und kräftig an und bist so imstande, den Kampf für Dich zu entscheiden.

Auch im Einzelkampf zeige äußerlich und innerlich Gelassenheit, nutze dann den Augenblick, in dem die Anspannung des Gegners nachläßt, und sichere Dir so durch einen raschen und kraftvollen Hieb Vorteil und Sieg. Man kann jemanden auch »betrunken« machen, das heißt, man kann ihn langweilen, schwächen oder zur Unvorsicht reizen. Das alles übe gut.

Von besonderer Bedeutung ist diese Technik für Deine eigene Armee. Es stimmt, daß vieles übertragbar ist. Wenn Du morgens mit griesgrämigem Gesicht in das Büro, in die Kanzlei oder in das Geschäft kommst, warum sollen dann Deine Mitarbeiter Dir freundlich begegnen, und warum sollen Deine Mitarbeiter den Kunden freundlich begegnen?

Wenn Du Deinen Kindern ständig vom »Streß« Deiner Arbeit erzählst, dann wundere Dich doch nicht, wenn diese Dich für verrückt halten und selber Deine Aufgabe niemals übernehmen werden! Natürlich ist eine Verfälschung der Situation genauso unsinnig. Aber lerne doch, von den Anstrengungen *und* den Erfolgen zu berichten!

Wenn Du Angst um Dein Unternehmen haben mußt oder laut klagst, warum sollen dann ausgerechnet Deine Mitarbeiter an die gemeinsame Zukunft glauben? Wenn Du den Erfolg oder die Richtigkeit einer Entscheidung bezweifelst, warum sollen Deine Mitarbeiter sich dann für diese Entscheidung einsetzen? Umgekehrt wird daraus natürlich ein wichtiges strategisches Element. Du hast die Chance und auch die Pflicht, Deine Mitarbeiter, Deine Lieferanten und auch

Deine Kunden an den Erfolg Deines Unternehmens glauben zu lassen!

Natürlich kannst Du versuchen, das Gegenteil dessen, was hier beschrieben wird, mit Deinen Konkurrenten zu machen. Aber nicht so wie der Unternehmer, der allen von den kommenden schwierigen Zeiten erzählte, ja, die Existenz einer ganzen Branche in Gefahr sah, selber aber ein neues Produktionsgebäude errichtete!

In Deiner Rolle des Unternehmers liegt auch die Aufgabe, in schwierigen Zeiten, wenn es allgemein hektisch wird, auch im Herzen Deiner Mitarbeiter hektisch wird, ihnen durch Deine Ruhe ihr Selbstvertrauen zu erhalten. Umgekehrt: Wenn Dein Unternehmen zuviel satte und »wohlgenährte« Mitarbeiter hat, dann mußt Du das Tempo drastisch erhöhen.

Berücksichtige, daß Menschen dazu neigen, sich dem bequemeren Rhythmus anzupassen. Es wird immer so sein, daß gerade dem langsameren Kollegen die eher schwächeren Mitarbeiter folgen werden.

Wenn Du eine Information erhältst, die Dich zu einer Änderung Deines Rhythmus' veranlassen könnte, dann überprüfe auch, welchen Vorteil Deine Konkurrenten aus Deinem Rhythmuswechsel oder aus dieser Information ziehen können.

Es ist interessant, daß sich Stimmungen, auch Wirtschaftsstimmungen, sehr gut übertragen lassen. Nicht umsonst kommt es zu solchen Äußerungen wie: »Die Lage ist besser als die Stimmung!« Nur zu leicht lassen sich Menschen in negative Stimmung versetzen, und nur zu gerne wird der negativen Nachricht Glauben geschenkt!

Laß zunächst die Grundsätze der »Beeinflussung durch Übertragung« in Deinem Unternehmen gelten, und lerne sie zu beherzigen. Erst danach versuche Dich darin, Deine Konkurrenten damit zu beeinflussen. Doch es gilt ähnliches wie in der Musik: Du mußt Deinem eigenen Rhythmusgefühl vertrauen können! Bedenke das gründlich.

Den Gegner aus dem Gleichgewicht bringen

Es gibt vieles, was einen Menschen aus dem Gleichgewicht bringt, zum Beispiel plötzliche Gefahr, Überraschungen, unvorhergesehene Schwierigkeiten. Denke einmal darüber nach.

130

Besonders in der Schlacht ist es wichtig, den Gegner aus dem Gleichge-
wicht zu bringen. Greifst Du ihn dort an, wo er es nicht vermutet,
kannst Du ihn überraschen, solange er noch unentschlossen ist, und
so gewinnst Du zu Deinem Vorteil die Führung und erringst den Sieg.
Oder beginne beim Kampf Mann gegen Mann absichtlich langsam,
um dann plötzlich, unter Ausnutzung der inneren Erschütterung
Deines Gegners und ohne ihm Zeit zu lassen zum Aufatmen, aus der
vorteilhaftesten Lage heraus den Sieg zu erringen. Das mußt Du gründ-
lich erproben.

Nimm einmal an, Du stehst absolut ruhig und sicher auf beiden
Beinen. Nun versucht Dein Gegner, Dich im Gefecht anzurempeln.
Außer daß Du ein, zwei Schritte zur Seite gedrängt wirst, wird nicht
viel mehr passieren. Völlig anders verhält sich der Verlauf dieser
Gefechtssituation, wenn Du entweder von dem Ansturm Deines Geg-
ners völlig überrascht wirst oder wenn ihr beide gleichzeitig in vollem
Lauf aufeinander zurennt. Trifft Dich Dein Gegner dann im eigenen
Schwung, dann fliegst Du gleich viele Meter durch die Gegend und
bleibst möglicherweise liegen.

Du kannst daraus erkennen, daß Du selber im Augenblick des
größten eigenen Schwunges, wenn Du Dich schnell und mit voller
Wucht auf Dein Ziel zubewegst, besonders verwundbar bist, weil es
ein leichtes ist, Dich aus der gewollten Richtung zu verdrängen.

Es gilt folgender Grundsatz: Wenn Dir bekannt ist, daß Dein Konkurrent auf irgendeinem Gebiet besonderes Engagement entwickelt,
dann bedeutet das zunächst, *daß* er verwundbar ist! Seine größte
Verwundbarkeit liegt dann entweder in direkter »Nähe« des Engage-
ments oder auf einem völlig anderen Gebiet, das ihn allerdings in den
Konflikt der Mittelverteilung stürzen muß.

Es ist sehr wahrscheinlich, daß ein Unternehmen, nachdem es sich
zu einem bestimmten Schritt entschlossen, ja häufig genug »durchge-
rungen« hat, auch bei diesem Schritt bleiben wird und eine Änderung
zunächst nicht in Betracht zieht. In gewisser Weise ist es der Schwung
des Anlaufes, der Dir die Chance des Gegenrempelns, des »Aus-dem-
Gleichgewicht-Bringens« ermöglicht.

Besonders leicht ist ein Unternehmen dann aus dem Gleichgewicht zu werfen, wenn es sich um »die letzte Chance« handelt. Dabei

denke ich an folgende Situation: Ein Unternehmen hat zu lange auf alten, nicht mehr zu verteidigenden Positionen verharrt und entschließt sich nun, ebenfalls auf den »neuen Trend« zu setzen. Das können Maßnahmen der unterschiedlichsten Art sein. In der Regel werden jetzt alle Mittel mobilisiert, um ja noch auf den fahrenden Zug springen zu können. Unter »Mitteln« ist hier nicht nur Geld zu verstehen, sondern auch Selbsteinschätzung und neue Ideologien. Doch der »große Sprung« ist immer gefährlich! Mit ihm ist bereits Mao Tsetung gescheitert. Wer den großen Sprung wagt, verliert für eine ganze Zeit die Möglichkeit der Kontrolle und vergibt die Chance der Richtungsänderung oder -anpassung an neue Gegebenheiten. Viel besser und sinnvoller ist eine Vielzahl kleiner und kleinster Schritte.

Willst Du Deinen Gegner aus dem Gleichgewicht bringen, achte darauf, ob er zum großen Sprung ansetzt. Laß ihn zum Schwung ausholen, und treffe ihn dann energisch, so daß er die Richtung verliert.

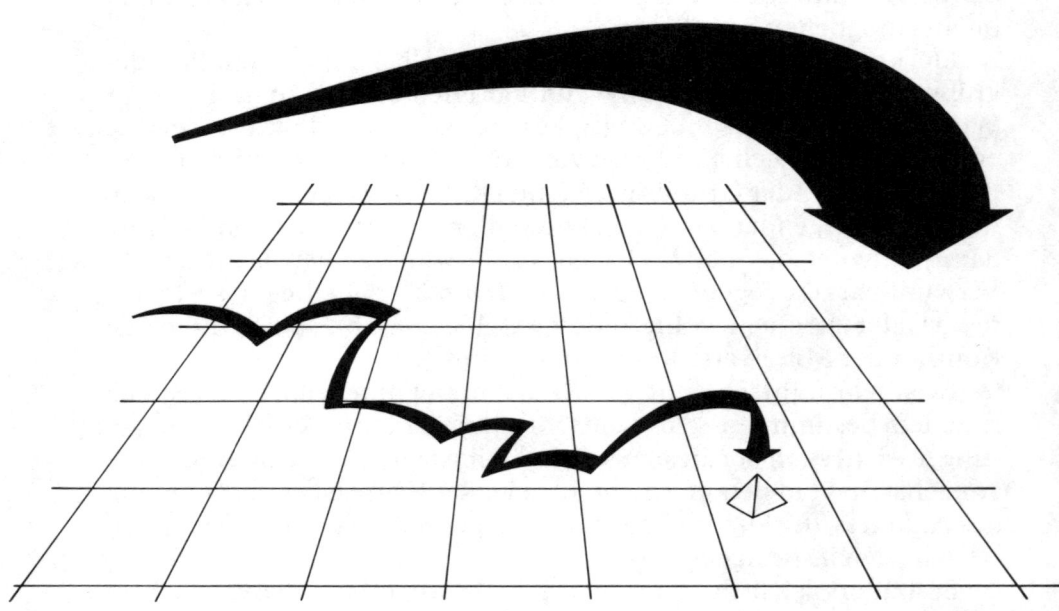

Gegen diese Technik schützt Du Dich am ehesten durch den Weg der kurzen Schritte. Dringe energisch und gelassen in Deinen Gegner (welches Problem oder welche Herausforderung damit auch immer gemeint sein mag) ein. Wenn man Dich trifft, darf die Wirkung über einen kleinen Schritt nicht hinausgehen. Deine eigene Verwundbarkeit hält sich somit in überschaubaren Grenzen. Erprobe diese Technik gründlich.

Den Gegner erschrecken

Man erschrickt über vieles, vor allem über das, was unerwartet geschieht. In der Schlacht ist der Gegner nicht allein durch das zu erschrecken, was er mit seinen eigenen Augen sieht. Ebenso kannst Du ihn erschrecken durch Kampfgeschrei und durch Waffengeklirr oder auch dadurch, daß Du ihm Deine kleine Truppe als größer erscheinen läßt oder ihn von der Flanke her angreifst; und was dergleichen Methoden mehr sind. Dann gehe auf den erschreckten Rhythmus des Gegners ein, ziehe Deinen Vorteil daraus, und sichere Dir den Sieg. Kämpfst Du Mann gegen Mann, kannst Du den Gegner mit Deinem Körper, mit Deinem Langschwert, mit Deiner Stimme, mit einem plötzlichen, von ihm nicht erwarteten Angriff erschrecken. Das solltest Du sehr gründlich durchdenken.

Um diese Technik mit Erfolg anwenden zu können, auch um Dich davor zu schützen, mußt Du den Schreck studieren.

Wenn Du Dich erschrickst, geschieht mit Deinem Körper immer Folgendes: Die Muskeln spannen sich an, werden hart, die Nackenmuskulatur zieht sich zusammen, die Schultern versuchen, den Hals zu schützen. Adrenalin wird ausgestoßen, die Pupillen weiten sich, um noch mehr Informationen aufnehmen zu können, der ganze Körper wird auf Flucht programmiert. Doch bevor es zur eigentlichen Flucht kommt, erstarrt der gesamte Körper für einen Augenblick. Und je größer die vermeintliche Gefahr, je größer der Schreck, um so länger verharrt der Mensch in der berühmten »Schrecksekunde«.

Ähnlich verhält es sich mit Organisationen. Auch sie können sich erschrecken und haben somit ihre Schrecksekunde, sind also im

Augenblick der Starrheit voll angreifbar. Gerade bei Regierungen ist dieser Effekt zu beobachten. Sicheres Zeichen für großes Erschrecken ist häufig »leeres Gestammel« oder Abwiegeln des Sachverhaltes durch den Regierungssprecher – siehe den Beginn des Spionagefalls Tiedge!

Im Augenblick des Erschreckens bist weder Du, noch ist Dein Gegner zu einem klaren, geschweige denn kreativen Gedanken fähig! Im Schreck mangelt es also immer an der Fähigkeit zur Lagebeurteilung, zum kritischen Abwägen. Diesen Mangel gilt es, im Gefecht mit einem einzigen Gegner – genauso wie im Wettstreit mit anderen Unternehmen – auszunutzen. Das heißt: Das Ausnutzen der Schrecksekunde muß unmittelbar erfolgen.

Noch eine körperliche Überprüfung: Der schwerste Schreck ist der stumme Schreck. Leicht hingegen und schnell vorüber ist der laute, weil hinausgeschriene Schreck. Bei der Frage, wie Du Dich davor schützen kannst, von einem Sachverhalt oder einem Gegner erschrocken zu werden, gilt zunächst, sich ständig über die eigene Verwundbarkeit im klaren zu sein. Im Falle des Erschreckens solltest Du kräftig schreien, weil Du Dich nur mit ausgestoßener Luft bewegen (heb einmal mit angezogener Luft eine Kiste Bier hoch!) und damit kämpfen kannst. Nun kannst Du Dich ja nicht in Deinem Büro laut schreiend von Deiner Angst befreien, das ist klar. Befreien kannst Du Dich aber auch bei der Ausübung bestimmter Sportarten (wenn die Zeit zur Reaktion lang sein darf) oder auch schon durch heftiges Ausatmen bei einem kurzen Verlassen des Arbeitsplatzes. Das erfolgreichste Mittel gegen Erschrecken ist jedoch das Gespräch mit einem zuhörenden Menschen.

Was kommt eigentlich, wenn der Schreck vorüber ist? Wie reagiert man allgemein, wenn man »Mein Gott, hab ich mich erschrocken!« sagt? Man entspannt sich, ist erleichtert, denn es war ja nur ein Schreck und keine tatsächliche Gefahr. Wenn sich nun jemand erschrecken läßt, dann ist er also in Wahrheit doppelt angreifbar: im Augenblick der Schrecksekunde (das können auch Monate sein) und in der Zeit nach dem Erschrecken. Um Dich vor dem Erschrecken und insbesondere vor der Zeit nach dem Erschrecken, also vor dem trügerischen Entspannen, zu schützen, mußt Du Dir den Umgang mit der Angst in diesem Zusammenhang angewöhnen.

Angst ist nichts weiter als »fehlende Information« zu einer unbekannten oder unangenehmen Situation. Wer Angst hat, dem fehlt ein Stück Wissen um Realität und wird darum dieses »schwarze Loch« durch eine Annahme ersetzen. Und alles, was man nicht sieht, was aber sein könnte – denn es gibt ja auch keinen Gegenbeweis –, ist der beste Nährboden für Angst.

Die Konsequenz daraus kann nur sein: Wenn man versucht, Dich in »Angst und Schrecken« zu versetzen, mußt Du sofort Deinen Informationsstand überprüfen; denn Angst ist der sicherste Hinweis, daß Dir wichtigste Informationen fehlen. Und ohne Informationen ist jeder Manager auf das schlimmste verwundbar, so wie ohne Kenntnis über den Gegner jeder Krieger tödlich zu verletzen ist. Bedenke dieses Kapitel mit großer Sorgfalt, und überprüfe Dein Informationssystem.

Mit dem Gegner verschmelzen

Wenn Du mit dem Gegner dicht aneinandergerätst, mit ihm ringst und merkst, daß so keine Entscheidung möglich ist, mußt Du mit ihm »verschmelzen«, mußt Du eins werden mit ihm. Versuche, in der Umklammerung eine Taktik zu ergreifen, die Dir Vorteil bringt und den Sieg. Ob in einer Schlacht mit vielen oder in einem Kampf mit wenigen – sofern sich wegen der gegenseitigen Umklammerung eine Entscheidung nicht erzielen läßt, mußt Du, statt Dich vom Gegner zu trennen, einen Zustand noch stärkerer, unauflösbarer Umklammerung herbeiführen, um in diesem Zustand dann die für Dich vorteilhafte Taktik und damit den Weg zum Sieg herauszufinden. Auf diese Weise wirst Du siegen. Prüfe das eingehend.

Diese Technik kannst Du auch nennen: »Mit dem Gegner Tango tanzen«, bis er unter Dir zusammenbricht! Beim Tango bist Du ja absolut dicht mit Deinem Körper an dem Deines Partners oder Deiner Partnerin, und ihr bewegt euch beide in größter Harmonie.

Im Wettbewerb gilt: Wenn Du an dem Gegner bist und ein Lösen nicht sinnvoll oder sogar gefährlich ist, dann bleibe dicht an ihm. Das bedeutet, daß Du absolut *jede* seiner Marktbewegungen nachvollziehst, aber in direktem Rhythmus, in größter Harmonie. Es darf kein

Unterschied in euren Bewegungen sichtbar werden, und wenn, dann muß dieser Unterschied so klein wie möglich gehalten werden.

Paß Dich in Deinem Verhalten an. Bringt er einen neuen Prospekt heraus, folge ihm direkt, nehme seine Slogans und Anzeigenmotive in Deine Überlegungen und in Deine Sprache mit auf. Wenn Dein Konkurrent eine neue Technologie für seine Produktion nutzt, laß ihn probieren. Sobald er alle Fehler ausgemerzt hat, kauf ebenfalls. Wenn er ein neues Produkt im Markt einführt, warte ab, bis sich der Bekanntheitsgrad in attraktiver Größe befindet; dann folge ihm. Du darfst selber nicht eine einzige Mark in irgendwelche Entwicklungsarbeit stecken. Laß das alles Deinen Gegner machen, damit er Zeit, Geld und Energie verbraucht. Allein diese gesparten Gelder erhöhen Deinen Gewinn. Werde niemals Vorreiter! Du mußt so mit Deinem Gegner verschmelzen, daß dieser schließlich völlig entnervt aufgibt. Er muß sich fragen: »Können wir denn wirklich nichts tun, ohne daß wir kopiert werden?«

Wenn Du gleichzeitig eine sehr konservative Geldpolitik betreibst, kombiniert mit einer sehr aggressiven Verkaufsmannschaft, dann hat Dein Konkurrent keine Chance.

Ist der Augenblick des Zusammenbruchs Deines Gegners gekommen, löse Dich sofort von ihm und Deiner bisherigen Politik und greife ihn jetzt direkt an. Entweder versuchst Du ihn zur Aufgabe zu zwingen, oder Du übernimmst ihn ganz. Gleichzeitig mußt Du sofort Deine gesamte Geschäftspolitik überprüfen, um herauszufiltern, welche neuen Vorteile sich jetzt für Dein Unternehmen ergeben. Die Konsequenz Deines Vorgehens entscheidet über Deinen Sieg.

An den Ecken anpacken

Schwere Gegenstände von der Mitte her zu bewegen ist nicht leicht; es ist besser, man packt sie statt dessen an den Seiten an.
In der Schlacht ist es von Vorteil, die gegnerischen Truppen nach genauer Beobachtung von ihren äußersten Flanken her anzugreifen. Sind diese »Ecken« zerschlagen, haben die Truppen insgesamt ihre Stärke verloren. Aber selbst dann ist es wichtig, weiter »Ecke« um »Ecke« anzugreifen und sich so den Sieg zu sichern.

136

Auch wenn Du gegen einen einzelnen Gegner kämpfst, wird er, sobald Du ihm Verletzungen an seinen »Ecken« beigebracht hast, allmählich schwächer werden und schließlich in sich zusammensacken. Auf diese Weise kannst Du leicht den Sieg erringen...

Das Grundprinzip dieser Technik ist bereits beim Fußballspiel zu beobachten: Der Weg durch die Mitte ist sehr selten von Erfolg gekrönt. Viel wirkungsvoller ist der Weg über die Flanken und von dort aus dann zur »Erfolgs-Mitte«.

Genau das gilt auch bei Marketing-Überlegungen. Es ist schwer und vielleicht sogar aussichtslos, einen Hauptkunden oder einen Hauptmarktplatz direkt zu erobern. Wie wird wohl Dein Konkurrent reagieren, wenn er merkt, daß Du ihn bei seinem Hauptkunden angreifst? Er wird mit maximaler Energie zurückschlagen! Besser ist es, ihn am Rand, an den Flanken, an den unattraktiven Seiten anzugreifen. Je weiter der »Rand« von seinem Vitalitätszentrum, zum Beispiel seinem angestammten Geschäft, um so weniger Gefahr droht Dir vor einem Gegenschlag und um so größer sind Deine Erfolgschancen.

Wichtigste Voraussetzung für diese Technik ist immer, daß Du weißt, welche Wertmaßstäbe und Annahmen Dein Konkurrent hat. Du mußt wissen, was ihm wichtig ist, wo er sich für besonders stark hält, was seine Ethik ausmacht, was zu seinen »Väter-Grundsätzen« gehört, welche Position er immer verteidigen wird (wie vielleicht die IBM ihren Anspruch, in Großrechneranlagen weltweit die Nr. 1 zu sein). Natürlich mußt Du auch wissen, was Deinem Konkurrenten nicht so wichtig ist. Wenn Du Deinen Angriff geschickt vorträgst, darfst Du damit bei den Marktgegnern nur ein müdes Lächeln hervorrufen. Hast Du Dir einen kleinen Brückenkopf erobert, suche den nächsten. So mehrst Du Deine kleinen Inseln des Erfolges.

Je größer ein Gegner ist, um so leichter ist er angreifbar! Die gesamte Guerillataktik basiert auf der Erkenntnis, daß der große Gegner besonders leicht zu treffen ist. Bevor er sich zu einer Reaktion entschließen kann, hast Du ihm schon eine »Ecke« abgenommen oder eine Nische besetzt.

Wer von der Walze des Kapitals und des Know-how großer Unternehmen nicht plattgedrückt werden will, der muß aus Nischen angreifen. Willst Du Deinen Gegner zermürben, dann wechsle nach dem erfolgreichen Angriff die Nische und greife eine andere Ecke an. Um allerdings immer wieder an anderen Ecken angreifen zu können, mußt Du Dich selber von »Lieblingsmärkten« lösen. Es ist von unterschiedlicher strategischer Qualität, ob Du sagst: »Müller. Für gute Wurst in Bayern« oder ob Du sagst: »Kraft. Für gutes Essen«. Der Unternehmer Müller kann selbstverständlich Millionär werden, doch hält ihn sein Slogan zunächst am Produkt Wurst und *in* Bayern fest. Der zweite Slogan ist offen. Kraft könnte unter diesem Sammelbegriff Käseprodukte (angestammtes Geschäft) ebenso verkaufen wie etwa Weine, Fische oder Früchte.

Wenn Du einen Konzern angreifst, gilt hier ebenfalls der Grundsatz, nach den Ecken zu suchen, die der Konzern im Augenblick nicht für verteidigungswürdig hält. Angenommen, Kraft hätte tatsächlich eine Konzerntochter für Weine, dann wäre im Augenblick (wegen der Glykol-Geschichte) wohl ein Angriff möglich.

Ein anderes praktisches Beispiel, wie man einen Großen an den Ecken angreift, lieferte der japanische Kopierhersteller Canon. Canon hatte das Ziel, dem Marktführer Rank Xerox auf dem englischen Markt die führende Rolle streitig zu machen. Ende der siebziger Jahre begann Canon darum in Schottland mit seinem Angriff. Als hier ein Marktanteil von etwa 40 Prozent (!) erreicht war, wanderte Canon mit seinen Aktivitäten nach Süden, um zu Beginn der achtziger Jahre London »einzunehmen«. Zum besseren Verständnis dieser Technik hilft auch ein Blick auf die Landkarte: Aus der Sicht Londons ist wohl ein Angriff in Edinburgh nicht ernst zu nehmen.

Eine Bemerkung noch zur Selbstverteidigung: Überlege Dir doch sehr genau, wie man Dich am ehesten und erfolgreichsten angreifen könnte, und zwar unter der Bedingung, daß Du dann *nicht* reagieren würdest, weil Du einen solchen Angriff nicht ernst nehmen könntest! Wo liegt vielleicht Dein »Edinburgh«? Überprüfe dabei genau, welche Gesichtspunkte für Dich in dieser Situation eine Rolle spielen.

Den Gegner in Verwirrung stürzen

Das heißt, den Gegner dahin zu bringen, daß er unfähig wird zu einem entschlossenen, planmäßigen Vorgehen.

*Haben wir in der Schlacht die Absichten des Gegners durchschaut, so
wenden wir einen Rhythmus an, mit dem wir, gestützt auf die Heihô-
Weisheit, das Herz des Gegners in Verwirrung stürzen. Er darf gar nicht
mehr wissen, ob wir ihn hier oder dort angreifen, ob wir dieses oder
jenes tun, ob wir langsam vorrücken oder schnell. Damit erreichen wir
mit Sicherheit den Weg, auf dem wir siegen.*

*Im Einzelkampf verwirren wir den Gegner dadurch, daß wir je nach
Gelegenheit die verschiedensten Kampftaktiken anwenden, daß wir
ihn glauben machen, wir holten aus zu einem Stoß oder einem Hieb,
oder wir tun so, als wollten wir auf ihn eindringen. Sobald wir ihn
dann in einen Zustand tiefster Verwirrung gestürzt haben, greifen wir
an und besiegen ihn mühelos.*

*Dies sind die Hauptpunkte dabei; mit ihnen mußt Du Dich eingehend
befassen.*

Diese Technik wird häufig in Diskussionen angewandt, wenn es
darum geht, einen Vorschlag oder einen Entwurf zu beurteilen und zu
kritisieren.

Es ist zum Beispiel möglich, den Angriff ohne positives Vorgeplän-
kel zu starten und kein Wort über den Gesamtvorschlag zu verlieren,
sondern ein kleines Detail sofort knallhart zu zerlegen. Sehr wahrscheinlich wird der andere jetzt auf den Gesamtvorschlag verweisen,
der doch zu beurteilen sei. Dreht man nun das Vorgehen um und greift
jetzt den Gesamtvorschlag heftig und mit voller Wucht an, besteht die
mögliche »Rettung« für den anderen darin, auf besonders wichtige
oder nützliche Details hinzuweisen. Jetzt folgt die nächste Attacke,
die auf ihn selber abzielt, mit der Konfrontation, wie er es denn nun
hielte: Einerseits soll das einzelne Detail nicht so überbewertet werden, man soll doch bitte auf den großen Zusammenhang achten, dann
wird wieder behauptet, der Gesamtzusammenhang dürfe nicht überbewertet werden, weil die eigentliche Qualität des Vorschlages doch
mehr in den Details liege! Ob er denn selber nicht wisse, was an
seinem Vorschlag von Wichtigkeit sei? Und wenn er noch Zweifel
habe, warum er sich denn wundere, daß andere ebenfalls Zweifel
zeigten und diese eigentlich nur äußerten. Dann kann schon der
nächste Angriff erfolgen, bis das der Vortragende oder Vorschlagende
völlig fertig ist und seine Niederlage akzeptiert.

Diese Technik wird häufig dann angewendet, wenn der Sieg nicht durch einen selber errungen werden kann, sondern nur durch das Eingeständnis der Niederlage durch den anderen.

Du kannst Dich vor dieser Technik nur schützen, wenn Du eingehend noch einmal die Technik »Das Schwert mit den Füßen niedertreten« studierst.

Neu anfangen

Wenn im Kampf mit dem Gegner die Situation eintritt, daß ihr euch ineinander verhakt habt und eine Entscheidung nicht möglich ist, so wirf Deine bisherigen Pläne und Absichten beiseite. In dem Gefühl, alles neu zu beginnen, fasse einen neuen Rhythmus, und entdecke so den Weg zum Sieg. Dies bedeutet das »Neuanfangen«. Es ist die Methode, dadurch zu siegen, daß Du im Zustand der völligen gegenseitigen Blockade, und zwar so, wie Du bist, Deine Pläne änderst und eine andere Art des Vorgehens anwendest. Auch in einer großen Schlacht ist das ein sehr wichtiger Punkt, den es zu kennen gilt. Setze all dein Bemühen daran.

Es kann vorkommen, daß Du Dich in eine Sache verrennst, verhakst oder verkeilst. Du hast dann in jedem Fall keinen geistigen oder körperlichen Spielraum mehr.

Angenommen, Du befindest Dich in einer schwierigen Situation des Nachdenkens. Dann kannst Du beobachten, wie Du zunehmend verkrampfst. Und je schwieriger ein Vorgang wird, um so größer wird die Gefahr des Verkrampfens. Eine geistige Blockade wird sich immer als körperliches Verkrampfen niederschlagen. Umgekehrt bedeutet das, daß eine körperliche Blockade auch immer zu einer geistigen Blockade führen wird! Die Lösung des Problems ist deswegen auch relativ einfach: Um Deine geistige Blockade abzulegen, mußt Du Dich nur körperlich befreien.

Wenn Du also in einer Verhandlung oder in einer besonders schwierigen Situation bist und einen verkrampften Körper spürst, dann sei sicher, daß sich Deine Gedanken in einem ähnlichen Zustand befinden. Stehe darum auf, verändere radikal Deine Sitzposi-

140

tion, verrücke den Stuhl, wirf etwas mit Absicht zu Boden, tue irgend etwas! Du wirst sofort die Befreiung spüren!

Ein Festhalten an gewohntem Sitzen und gewohntem Denken bedeutet auch immer ein Festhalten an gewohnten Problemen und an gewohnten Lösungswegen. »Neu anfangen« heißt darum zunächst immer radikale Änderung der jeweiligen, augenblicklichen Position.

Was für einen einzelnen Menschen gilt, gilt selbstverständlich auch für große Organisationen. So manches Unternehmen ist in sich so gelähmt, in eigenen Vorurteilen so blockiert und gefangen, daß der Tod solcher Unternehmen voraussehbar ist. Das bißchen Kraft in diesen Unternehmen reicht häufig nur noch, um an alten Erfolgsprinzipien festzuhalten!

Obwohl die Hoffnungslosigkeit gesehen oder doch zumindest gespürt wird, kommt es keineswegs zu Lösungsansätzen, die mit »Neu anfangen« zu vergleichen wären. Häufig ist wohl die Angst vor dem neuen Schritt größer – auch hinsichtlich des Ausgangs, der ja ungewiß ist – als die gesicherte Erkenntnis, in der alten Situation unterzugehen!

Ein positives Beispiel liefert der Fall eines Metzgermeisters: Er betreibt ein Fleischerfachgeschäft in der dritten Generation. Durch einen ständigen Preisverfall im Bereich Fleisch unterliegt auch sein Geschäft einem dramatischen, weil ständigen Renditeverfall; so werden Pseudogewinne etwa durch vermehrte Familienarbeit erzielt. Super-Discounter vertreiben in dieser Stadt über den Preis systematisch alle Fachmitbewerber. Um nicht aufzugeben – »Wir sind schon in der dritten Generation am Markt« –, wird der mörderische Preiskampf mitgemacht – das Ende wäre abzusehen. Doch dieser Metzgermeister löst sich von allen traditionellen Vorgaben, löst sich von seinem eigentlichen Berufsbild und löst sogar seinen Fleischerfachladen auf! Er wählt eine radikale Änderung, wählt das »Neu anfangen« und besinnt sich auf seine Tugend als Fachmanager. Es entsteht ein Spezialgeschäft für Tiefkühlkost, basierend auf der Information, daß Mikrowellenherde in den nächsten Jahren in riesigen Stückmengen verkauft werden können, weil sich die Essensgewohnheiten der arbeitenden Familien und Single-Haushalte weiter verändern werden.

Viele Unternehmen haben allein gerade deswegen noch überlebt, weil sie früh genug erkannten, daß ihr Unternehmenstod nur durch

»Neu anfangen« abgewendet werden kann. Zu viele Unternehmen haben das nicht wahrhaben wollen.

Eindringen in den Gegner

Wenn sich in der Schlacht die Armeen gegenüberstehen und Du siehst, daß der Gegner stark ist, so greife ihn an einer Flanke an, indem Du dort in ihn eindringst. Siehst Du dann, daß er zusammenbricht, so löse Dich sofort von ihm, und greife ihn an einer anderen Stelle an, an der er stark ist. Diese Angriffsart gleicht dem sich im Zickzack windenden Gebirgspfad.

Hier wird eine Methode beschrieben, die gerade für das Marketing besonders geeignet ist. Es ist ja verführerisch, dort, wo man Erfolg hat, noch einen Augenblick zu verweilen bzw. an derselben Stelle weiterzumachen, um den Erfolg zu sichern oder auszubauen. Doch das kann falsch und sehr gefährlich sein!

Erfolgreicher ist die Technik, immer wieder die Angriffsflanke zu wechseln. Der Wechsel darf erst dann erfolgen, wenn der Erfolg eingetreten ist. Wie das wirken kann, zeigt vielleicht McDonalds. Der Grundeinstieg erfolgte über das Produkt Hamburger mit dem Slogan »Die neue Art, preiswert zu essen!« Später, nachdem das Produkt und der Markt der Preisbewußten »abgegrast« waren, wurde das veränderte Verbraucherverhalten berücksichtigt und der neue Konsument über »Das etwas andere Restaurant« gesucht. Neben den klassischen Produkten tauchte unter anderem auf einmal Hähnchenfleisch als »Mc Nuggets« auf. Im Sommer 1985 rückte McDonalds Eis-Vergnügen in den argumentativen Vordergrund! Während die Konkurrenz noch versucht, in den Hamburger-Markt einzusteigen, zum Beispiel »Hamburger« durch »Roggenburger« ersetzen will, hat McDonalds nach dem eingetretenen Erfolg mit dem Artikel Eis bereits den Erlebnismarkt (schon?) erobert.

Sie ist auch dann sehr wichtig, wenn ein einzelner gegen viele zu kämpfen hat. Hast Du den Gegner an der einen Stelle niedergeworfen oder hast Du ihn in die Flucht geschlagen, so greife ihn an einer

142

anderen starken Stelle an, erkenne seinen Kampfrhythmus, und gehe entsprechend vorwärts, indem Du Dich wie ein kurvenreicher Gebirgspfad bald rechts und bald links wendest. Schätze die Fähigkeiten Deines Gegners ab, dann dringe in ihn ein, und weiche keinen Schritt mehr zurück, sondern schlage kräftig zu; der Sieg wird Dir gehören.

Eine Bemerkung vorweg: Natürlich gibt es Märkte, auf denen Du mit einem Produkt einen Marktanteil von beispielsweise 90 Prozent erreichen kannst. Doch in vielen Fällen ist das gar nicht möglich. Du mußt dann wissen oder rechtzeitig erkennen, wann Du eine regionale oder sonstige Sättigungsgrenze erreicht hast.

Ein gutes Beispiel sind hier die Drogeriemärkte. Wird ein solcher Markt in einer Stadt eröffnet, in der beispielsweise schon vierzehn Drogerien und zwei Parfümerien sind, dann kann sich der Marktanteil des Neuen in kürzester Zeit auf vielleicht 8 Prozent einpendeln. Es ist schlechterdings unmöglich, in dieser Marktsituation einen Marktanteil von 50 Prozent erreichen zu wollen. Es ist wahrscheinlich leichter und auch gewinnbringender, in der nächsten Stadt wieder einen solchen Markt aufzumachen, der nun ebenfalls einen Marktanteil von vielleicht 8 Prozent erreicht. Hat nun ein Unternehmen mit diesem Arbeitsstil auch landesweit Erfolg, kommt insgesamt vielleicht nur ein Marktanteil von 4 Prozent heraus, was aber in zersplitterten Märkten sogar schon Marktführerschaft bedeuten kann.

Um noch einmal das Bild des Gebirgspfades aufzugreifen: Das »Sich-Hinschlängeln« ist ja nichts weiter als zweckmäßiges Ausnutzen aller Möglichkeiten, um unter sparsamstem Kräfteeinsatz das Gipfelziel zu erreichen. Einen Berg in der senkrechten Linie anzugehen ist in vielen Fällen tödlicher Wahnsinn. Für viele Märkte gilt ähnliches.

Auch beim Einzelkampf ist das eine wichtige Taktik, nämlich dann, wenn Du schon dicht am Körper des Gegners heran bist und erkennst, daß er stark ist. Bei diesem »Eindringen« mußt Du entschlossen sein, keinen Schritt zurück zu tun. Das mußt Du Dir einprägen.

Den dritten Absatz werde ich mit einer Kendô-Erfahrung erläutern. Beim Training mit einem erstklassigen Kendôjin hatte ich nur sehr,

sehr geringe Chancen für einen Treffer. Um dem gegnerischen Angriff nun nicht völlig ausgeliefert zu sein, wollte ich mich »schlau«
verhalten und seinen Hieben ausweichen. Das beeinflußte das Tref-
ferergebnis überhaupt nicht zu meinen Gunsten, ganz im Gegenteil!

Am nächsten Tag nahm ich mir fest vor, »keinen Schritt zurückzu-
gehen«. Und ich sage Dir: Egal, was mir der gegnerische Kendôjin
auch an Treffern verpaßte, ich wich nicht zurück, sondern ging ständig nach vorn, um meine Chance zu suchen. Ich habe zwar keinen
entscheidenden Treffer erzielen können, aber ich hatte ein entschieden besseres Gefühl, weil ich einfach eine Chance wahrte!

Ich erzähle Dir diese Geschichte nicht, um mich als »mutigen«
Helden darzustellen. Es geht darum zu erkennen, daß ständiges Zurückweichen immer den Verlust, immer die Niederlage bedeutet. Es
gibt nur eine Ausnahme: Wenn Dein Zurückweichen in Wahrheit
eine tückische Falle für den anderen ist, dann hast Du die richtige
Taktik gewählt!

Es ist ja nicht auszuschließen, daß Du ebenfalls schon einmal einer
Herausforderung oder einer Aufgabe ausgewichen bist. Haben dann
diese »Probleme« sich von selbst gelöst, oder haben sie Dich in Wahrheit doch alle eingeholt? Die Last auf Deinen Schultern sind wohl die
Probleme, denen Du ausgewichen bist. Geh nach vorn, unbeirrt, und
suche nach Deiner Gelegenheit, die Aufgaben zu lösen. Wenn Du die
Aufgaben nicht schaffst, dann schaffen Dich die Aufgaben!

Den Gegner zertreten

Das bedeutet, den Gegner, den wir für schwach ansehen, mit aller
Kraft und einem einzigen Hieb zu zerschmettern.
Wenn wir in der Schlacht bemerken, daß die Zahl der Gegner gering ist
oder daß ihrer zwar viele sind, sie aber verwirrt sind und keinen
Kampfgeist haben, so konzentrieren wir alle Kraft auf einen einzigen
Angriff und schlagen sie vernichtend. Schlagen wir zu schwach zu,
könnten sie sich wieder erholen. Versuche, das genau zu begreifen,
damit Du die Fähigkeit wie selbstverständlich beherrschst.
Stehst Du einem einzelnen Gegner gegenüber und ist er Dir an Erfah-
rung unterlegen, ist er aus dem Rhythmus gekommen oder schickt er

sich an, die Flucht zu ergreifen, mußt Du ihn, ohne ihm Zeit zum Atmen oder Umblicken zu lassen, mit einem Hieb zerschmettern. Das wichtigste dabei ist: Er darf nicht die geringste Gelegenheit haben, sich zu sammeln. Das solltest Du gut durchdenken.

Ein Schlüsselsatz zu dieser Technik ist: »Schlagen wir zu schwach zu, könnten sie sich wieder erholen.« Ein Beispiel: In einem Unternehmen ist ein Mitarbeiter, der immer wieder zur Flasche greift. Das Problem ist bekannt. Es ist nicht genau abzuschätzen, wie stark die Alkoholabhängigkeit bereits ist. In sehr unterschiedlicher Form wird das Problem beraten, allerdings mehr in Richtung »verniedlichen«. Immer häufiger tritt der Mitarbeiter seinen Dienst zu spät an, was den technischen Ablauf stört und zu ersten Ermahnungen führt. Dann erfolgt ein Gespräch von Mann zu Mann: »Nun reißen Sie sich mal zusammen! . . . Es ist ja egal, wieviel Sie am Abend trinken! . . . Haben Sie denn so große Probleme?«

Natürlich hat dieser Mann Probleme, die er auch gerne bespricht. Der Manager läßt sich jetzt von den Problemen »ergreifen«. In den folgenden Wochen versucht der angesprochene Manager, dem Alkoholkranken zu helfen. Das Verhalten des Mitarbeiters wird immer auffälliger, sein Arbeitseinsatz immer unwahrscheinlicher und die Verständniskurve des Managers immer weiter strapaziert. Ein »helfendes« Gespräch mit der Ehefrau bringt auch keine entscheidende Verbesserung. Auch die energische Forderung, doch nun endlich zum Arzt zu gehen, um eine Entziehungskur zu beantragen, wird durch Zeitschinden und Ausreden nicht erfüllt. Letztlich eskaliert die gesamte Situation immer mehr, so daß es schließlich zur fristlosen Entlassung kommt.

Richtig wäre gewesen, das Problem »zu zertreten«, das heißt, den Mitarbeiter nach Nichtbeachtung der einmaligen Aufforderung, sich einer Entziehungskur zu unterziehen, sofort zu entlassen! Im Laufe meiner Beratungsarbeit konnte ich etliche solcher Fälle beobachten, die alle nach dem gleichen Muster abliefen: erst wegsehen, dann helfen wollen, dann fristlose Entlassung. Doch wieviel Zeit ist bis dahin vergangen, wieviel Ärger mußte ertragen werden, und wieviel Not konnte sich anhäufen!

Es ist nicht die Aufgabe von Managern, Suchtkranke zu heilen, ihnen als Therapeut zur Seite zu stehen. Wer es dennoch versucht, ist entweder unerfahren oder eitel. Wahrscheinlich kann man solchen Menschen tatsächlich nur noch durch die knallharte Konfrontation mit der unausweichlichen Katastrophe zur Umkehr bewegen. Das sollte Hilfe genug sein.

Was sich in diesem Beispiel als Drama darstellt, das sich tagtäglich abspielt und das hier nur einen einzigen Menschen betrifft, ist auch im Großen zu beobachten: Wieviel Kraft ging schon verloren, weil man Probleme nicht zertrat, sondern sie nur »behandelte«. Wieviel Geld und Kraft wurden in Unternehmen und Problemlösungen schon investiert, das jedesmal schon im Ansatz verloren war!

Bedenke bei Deinem Umgang mit Problemen oder Herausforderungen, daß sie sich nach der Bearbeitung durch Dich nicht mehr erholen dürfen. Du mußt lernen, Probleme zu zertreten!

Durchstoßen bis zum Grund

Auch wenn wir im Kampf durch die Anwendung all dieser Taktiken den Gegner dem Anschein nach besiegen mögen, heißt das noch nicht, daß damit sein Kampfgeist ausgelöscht wäre. Der äußerlich Besiegte kann doch in seinem tiefsten Inneren unbesiegt sein. In einem solchen Falle ist es nötig, daß wir unsere eigene innere Haltung rasch ändern, die geistige Kraft des Gegners brechen und ihn in einen Zustand versetzen, in dem er sich in seinem tiefsten Inneren geschlagen fühlt. Das »Durchstoßen bis zum Grund« erfolgt mittels Langschwert, Körper und Geist. Es ist allerdings nicht leicht, den Erfolg mit Sicherheit festzustellen. Ist der Gegner innerlich zerbrochen, so besteht keine Notwendigkeit mehr, unsere Absicht weiterzuverfolgen. Andernfalls müssen wir dranbleiben. Denn solange der Gegner noch Kampfgeist besitzt, wird er nicht zerbrechen. Dieses »Durchstoßen bis zum Grund« sowohl für die Schlacht als auch im Einzelkampf solltest Du gründlich üben.

Diese Technik muß in Fortsetzung der vorangegangenen Technik (»Den Gegner zertreten«) gesehen werden. Doch bei dieser Technik geht es insbesondere darum, das »Wesen« des Gegners zu zerstören. Wenn hier zunächst der Kampfeswille oder der Kampfgeist beschrieben werden, so soll ein kleines Bild zum Verständnis beitragen: Vielleicht hast Du einmal in einem klassischen Western die ebenso klassische Situation gesehen, daß ein getroffener Cowboy, häufig genug der Bösewicht, so gerade noch mit dem letzten Lebenshauch seinen Colt hebt und schießt. Und je nach Filmthema wird der Filmheld getroffen oder auch nicht. Dieses Bild zeigt immer auf recht dramatische Weise: »Das Böse ist schwer zu besiegen.« Es ist also erst besiegt, wenn es »in sich« zerstört ist. Nichts anderes meint hier auch Musashi.

Es ist Deine Aufgabe als Manager, die »wahre« Struktur einer Aufgabe, einer Herausforderung oder eines Problems zu erkennen. Das geringste, das sich uns als Problem in den Weg stellt, ist im Sinne der vorstehenden Filmstory »böse«. Es geht allein darum, das »Wesen des Kampfgeistes« in Problemen zu erkennen. Erst wenn Du das »Wesen« einer Aufgabe erkannt hast, kannst Du sie auch wirklich erfolgreich lösen. Dazu ist es notwendig, daß Du Dich bemühst, nicht zu früh die Dinge erklären zu wollen. Deine Arbeit muß erfolglos bleiben, wenn Du die erstbeste Erklärung für den Ursprung eines Problems begierig als gefundene Lösung aufgreifst. Es ist in jedem Fall richtig, mit Geduld zu fragen, um den Dingen auf den Grund zu gehen. Sei Dir selber über Deine Vorurteile im klaren, die Dich schnell auf eine falsche Fährte locken werden.

Wenn Du allerdings meinst, das »Wesen des Kampfgeistes« erkannt zu haben und somit bereits den Status von »Gefahr erkannt, Gefahr gebannt«, dann täuschst Du Dich.

Auffallend ist folgende Situation: Ein Problem bis auf den Grund zu durchschauen, leuchtet wohl von der Notwendigkeit her ein und wird wohl auch in allen Fällen versucht. Doch damit beginnt die größere Schwierigkeit: Das Problem wird bis zum Grund erkannt, aber nicht bis zum Grund gelöst!

Für Deine Arbeit als Unternehmer ist es lebensnotwendig, die sich Dir stellenden Aufgaben bis auf den Grund zu durchschauen. Es ist allerdings über-lebens-notwendig, sie zur wirkungsvollen Lösung auch bis auf den Grund zu durchstoßen! Die Notwendigkeit und Nützlichkeit dieser Technik ist dann besonders groß, wenn Du gegen ein anderes Unternehmen im Markt kämpfst. Du mußt darum diese Technik gründlich üben.

Der Wechsel zwischen Berg und Meer

»Wechsel zwischen Berg und Meer«, das besagt: Im Kampf mit dem Gegner ist es von Übel, mehrmals auf die gleiche Weise vorzugehen. Daß man dasselbe zweimal tut, ist unvermeidlich, aber ein drittes Mal nie. Wenn Du dem Gegner mit einer Taktik kommst und keinen Erfolg hast, wird bei einem zweiten Versuch die Wirkung noch geringer sein. Wechsle die Taktik, und wenn Du wieder keinen Erfolg hast, so wechsle sie abermals. Deswegen: Denkt der Gegner an einen Berg, so greife an wie das Meer, und wenn er an das Meer denkt, so greife an wie ein Berg. Bedenke das genau.

So manche Schlacht gewinnst Du nur durch das Verändern der Situation. Du wechselst vom Berg zum Meer, vom Kleinen zum Großen, vom Sanften zum Harten oder vom Oberen zum Unteren. Durch das Verändern der Art oder der Größe kommt man wie selbstverständlich auch zu einem anderen Blick, zu einer anderen Perspektive und damit auch zu einer anderen Einsicht. Auch eine Schlacht oder ein Gefecht kannst Du durch eine andere Einsicht oder Erkenntnis gewinnen.

Ein Beispiel, wie man durch Tauschen zu anderen Einsichten kommen kann, lieferte mir C. P. Seibt. Betrachte dazu bitte folgende Grafik. Du erkennst die typische Organisationsstruktur in Form einer Pyramide. Nun, wie alle Pyramiden steht auch diese auf ihrer Basis.

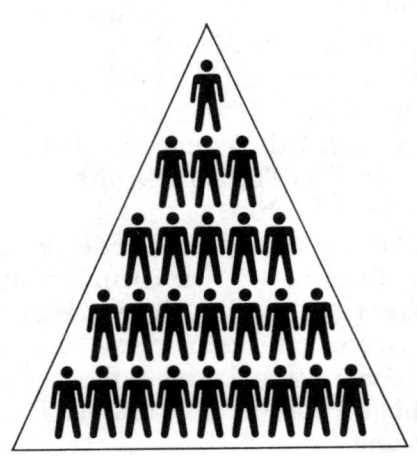

An der Basis einer so gezeichneten Organisation sind natürlich alle »kleinen Strukturen« zu finden, also zum Beispiel der Arbeiter in der Produktion oder der Sachbearbeiter in der Verwaltung. Oben, in der Spitze der Pyramide, ist in der Regel dann der Chef-Manager zu finden. Frage: »Wer trägt die Pyramide und somit den Chef-Manager? Auf wessen Schultern ruht das ganze Organisationsgebäude?« Richtig – auf den Schultern des kleinen Mannes! Damit ist die Argumentationsstruktur der Gewerkschaften vorgegeben.

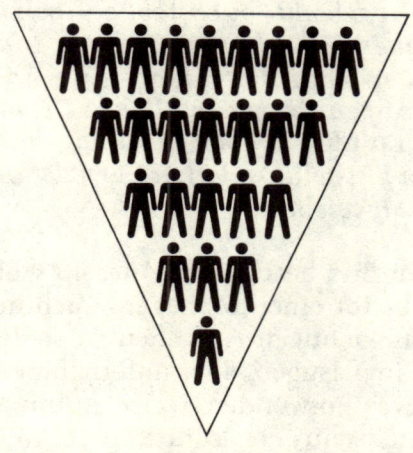

So, nun führen wir einen Wechsel in der Betrachtungsweise durch, wechseln vom Berg zum Meer und bekommen dieselbe Pyramide mit derselben Struktur zu sehen. Frage: »Wer trägt hier die ganze Firma, auf wessen Schultern wird denn nun balanciert?« Richtig: Der Mann in der Spitze trägt die ganze Last! Jetzt wird auch klar, welche Wirkung so ein »kleiner Mann« erzielen kann, wenn er Unsinn macht und da oben »herumturnt«! Die Organisation ist von den Kleinen aus dem Gleichgewicht zu bringen, wird aber allein von den Chef-Managern ausbalanciert.

Durch das Wechseln von Bildern, von Argumenten, durch das Verändern von Ansichten lassen sich eher Gefechte und ganze Schlachten gewinnen als durch das lapidare Wiederholen von Positionen, die in dem Satz gipfeln: »Ich habe trotzdem recht!« Deine Gegner werden auf ein solches Gestammel pfeifen. Überliste sie durch den Wechsel vom Berg zum Meer, und wenn sie ans Meer denken, dann wechsle zum Berg zurück. Nutze jede Gelegenheit und übe Dich in dieser Technik!

Rattenkopf und Ochsennacken

»Rattenkopf und Ochsennacken« besagt: Wenn im Kampf mit dem Gegner der Bewegungsspielraum immer geringer wird und ihr euch, von Kleinigkeiten abgelenkt, buchstäblich ineinander verwirrt, laß Deine Taktik hinüberwechseln vom Kleinen zum Großen – so wie man seine Gedanken vom Rattenkopf hinüberwechseln läßt zum Ochsennacken. Das ist eine der wesentlichen Grundlagen der Schwertkunst. Der Samurai muß sich auch im Alltag diese Haltung zu eigen machen. Von dieser Einstellung darfst Du weder in der Schlacht noch beim Einzelkampf abweichen.

Mit diesem kleinen Bild beschreibt Musashi wohl in vortrefflicher Art die Hauptgefahr für einen Manager – sich in operativer Hektik den eiligen, aber unwichtigen Aufgaben zu stellen. Dabei kommen zwangsläufig die langfristigen, aber unternehmenspolitischen Maßnahmen zu kurz, was notwendigerweise zu immer größerer Hektik und aktuellerer Flickschusterei führt. Diese Wechselbeziehung gegenseitiger Beeinflussung findet entweder durch den Herzinfarkt ein natürliches Ende oder durch die Einsicht der in der Einführung beschriebenen Weisheit.

Jeder Manager weiß, daß es der Abstand bringt! Mit der Nase auf der Leinwand ist ein Rembrandt nicht zu erkennen! Wer sich in dieser »Nähe« verstrickt hat, würde wohl gerne vom häßlichen, hektischen »Rattenkopf« zum ruhigen, breiten »Ochsennacken« wechseln – doch wie? Die aktuellen Aufgaben verhindern meist ein Abstandnehmen!

Genau darin liegt die Lösung! Nicht der Abstand, sondern das Wechseln der »Größe« hilft, um das Gewirr der Kleinigkeiten abzustreifen und um zu dem wirklich Wichtigen zu kommen.

Verstrickt sein heißt oft, keine Chance mehr zur eigenen Bewegung, zur eigenen Entscheidung zu haben, und heißt oft genug auch, daß keine Chance mehr zur eigenen Rettung besteht! Nur Du allein kannst Dich befreien! Doch nicht durch Bedacht, vorsichtiges Abwä-

150

gen und den schon so oft gedachten Satz: »Wenn ich nur noch das erledigt habe, dann werde ich ...« Nichts wirst Du!

Breche mitten in Deiner Arbeit ab! Räume Deinen Arbeitsplatz völlig leer! Es muß wirklich restlos alles in einem anderen Raum verschwinden, bis die blanke Platte zu sehen ist. Delegiere an Deine Mitarbeiter hemmungslos Aufträge. In diesem anderen Raum, bei der schrittweisen Aufarbeitung Deiner Berge gibt es nur zwei Kriterien! Erstens: Was kann sofort weggeworfen werden? Für den Fall, daß eine Vernichtung nicht sinnvoll ist, stellt sich die zweite Aufgabe: Wer wird das erledigen? Die Antwort: »Ich!« ist immer falsch! Denke daran, wie entscheidungsfreudig Du an Deinem letzten Arbeitstag vor dem Jahresurlaub bist. An keinem Tag im Jahr wird so effektiv entschieden, so vieles in so kurzer Zeit mit so großer Wirkung erledigt wie an diesem Tag. An keinem Tag im Jahr trauen Manager ihren Mitarbeitern soviel zu wie an diesem Tag.

Wenn alles entfernt ist, bist Du mit Deiner Arbeit fertig! Ein neuer Tag beginnt: Dein erster Arbeitstag in diesem Unternehmen! Genieße jetzt den Platz auf dem Ochsennacken und bedenke von hier oben aus, was *Du* erreichen willst, und welches Tun die Zielerreichung ermöglicht. Bedenke sehr sorgfältig, welches Tun für Dein Unternehmen nützlich ist. Vermeide jeden Gedanken darüber, welches Tun andere von Dir erwarten. Bleibe auf dem Ochsennacken sitzen, damit Dich nicht die Ratten beißen.

Sollte Dein Gedanke jetzt sein: »Das kann ich unmöglich machen!«, dann gibt es zwei Möglichkeiten: Entweder Du willst Deine Situation gar nicht ändern (dann beklage Dich nicht), oder Dir fehlt die Versicherung, daß dieser Schritt auch klappt. Es gibt diese Versicherung nicht. Vertraue Dir, lies noch einmal das Kapitel vom »Hinübersetzen« und warte nicht zu lange.

Der General kennt seine Truppe

»Der General kennt seine Truppe« ist ein Satz, den Du nach meiner Schule der Schwertkunst auf alle am Kampf Beteiligten anwenden kannst. Durch die Weisheit des Heihô *bist Du imstande, diejenigen, die Deine Gegner sind, für Deine Soldaten zu halten und sie nach*

Belieben zu bewegen; Du kannst sie nach Deinem Willen lenken. Hast Du diese Einstellung erreicht, so bist Du der General, und der Gegner wird zu Deiner Truppe. Bemühe Dich, das zu beherrschen.

Nach diesem Grundsatz ist es Deine Aufgabe, alle Beteiligten in Deiner Arbeitswelt genau zu kennen. Du hast natürlich einen exakten Kenntnisstand über Deine »Armee«, kennst die Stärken und Schwächen aller »Soldaten und Waffen«, was heißen soll: Du kennst die Stärken und Schwächen von Menschen, Maschinen, Methoden und Materialien, die Du in Deinem Unternehmen vereinigst.

Zu diesem Kenntnisstand kommt nun noch Deine Führungsfähigkeit hinzu. Der Einsatz Deiner »Armee« richtet sich im wesentlichen nach Deinen Zielen, die Ergebnis des Vorausdenkens sind. Weil nun Deine Mitarbeiter um Deine Fähigkeit des Vorausdenkens und des Führens wissen, agieren sie bereits von sich aus, entsprechend Deinem Wollen. Die Kenntnis eines tatsächlichen oder imaginären Zieles, das als gemeinsame Vereinbarung gilt, ermöglicht Dir überhaupt das Führen.

Verfügst Du nun über einen genauso großen und umfassenden Kenntnisstand der »gegnerischen Armee«, dann ist es Dir möglich, die Handlungen und das jeweilige zielgerichtete Vorhaben der anderen Armee nicht nur vorauszusehen, sondern es ist Dir tatsächlich möglich, diese Armee zu führen.

Wie diese Technik wirkt, erkennst Du beim Kendô: Es ist beim Schwertkampf möglich, einen Gegner durch einen kräftigen Hieb zu stoppen. Es ist aber viel leichter und zweckmäßiger, dem anderen durch eine Bewegung eine Absicht vor Augen zu führen, die diesen dazu veranlaßt, vom eigenen Vorhaben abzusehen, um dann einen anderen Weg einzuschlagen. Ebenso kannst Du den Schritt eines Menschen durch körperliches Festhalten oder durch ein Wort stoppen. Die andere Methode ist die, ihn bereits mit einem Blick zum Halten zu bewegen. Du weißt, daß das geht.

Der Sinn dieser Technik wird beim Führen der anderen Armee deutlich: Auf Deinem Kenntnisstand der eigenen und der fremden Armee, also des eigenen und des konkurrierenden Unternehmens, zeigst Du mit Deinen Leuten der anderen Firma immer nur die versperrten Wege. Das andere Unternehmen wird sich zwangsläufig in

152

Deine gewünschte Richtung bewegen, ohne daß es zu einer direkten Konfrontation kommt.

In jener Beschreibung wird deutlich, daß sich in dieser Methode viele andere Techniken vereinigen, wie zum Beispiel »Auf das Kissen drücken«, »Sich in den Gegner verwandeln« oder »Das Erkennen der Lage«. Wenn Musashi sagt: »Durch die Weisheit des Heihô bist Du imstande, Deinen Gegner zu lenken, ihn zur eigenen Truppe zu machen«, so gilt das gleiche für das Management. Du bedarfst großer Erfahrung und tiefer Verwurzelung mit Deiner Aufgabe, um ein konkurrierendes Unternehmen wie das eigene zu lenken. Doch wenn Du diese Methode beherrschst, ersparst Du Dir viele, weil sinnlos gewordene Schlachten. Bemühe Dich ständig um das Beherrschen dieser Technik.

Ein Körper wie ein Fels*

»Ein Körper wie ein Fels« bedeutet, daß Du, wenn Du den Weg der Schwertkunst beherrschst, imstande bist, augenblicklich hart wie ein Fels zu sein und unberührbar durch die zehntausend Dinge. Nichts wird Dich erschüttern können. Dies erlernt man nur durch mündliche Unterweisung.

In dieser Geschichte von Musashi stecken zwei Betrachtungsmöglichkeiten. Es muß sowohl jemand da sein, der dieser »Körper wie ein Fels« wird, als auch jemand, der solch eine Haltung von einem anderen verlangt.

Zum Verständnis von »Ein Körper wie ein Fels« möchte ich Dir Folgendes berichten: 1951 schlug ein Gebietsleiter von Coca-Cola dem frischgebackenen Geschäftsführer mehrerer gastronomischer Be-

---

* Nach dem *Terao-kaki*, der Chronik des Hauses Terao, wurde Musashi eines Tages von Fürst Hosokawa gefragt: »Was ist das, ein ›Körper wie ein Fels‹?« Musashi erwiderte: »Laßt meinen Schüler Terao Myûmasuke rufen.« Als Terao erschien, befahl ihm Musashi, sich durch *Seppuku* (Bauchaufschlitzen) zu töten. Terao wollte sich gerade sein Schwert in den Bauch stoßen, als Musashi ihn zurückhielt und zu dem Fürsten sprach: »Das ist ein Körper wie ein Fels.«

triebe vor, eine Karriere bei Coca-Cola zu versuchen. Auf die Frage: »Was soll ich bei Ihnen? Was stellen Sie sich vor?«, antwortete der Mann von Coca-Cola: »Ich mache Ihnen ein gutes Angebot: Sie sollten Beifahrer eines Fahrverkäufers werden.«

Das muß man sich einmal vorstellen: Da ist jemand gerade Geschäftsführer geworden und soll jetzt als Beifahrer zu Coca-Cola gehen! Tatsächlich ließ sich Klaus Pütter von dem Mann, seiner Idee *und* von Coca-Cola begeistern. Kurze Zeit nach dem Eintritt in die Firma bekam Pütter folgenden Auftrag: Er sollte von Essen aus nach Nürnberg fahren, um dort am zweiten Weihnachtstag (!) morgens um 6.00 Uhr einzutreffen, weil dort sechs LKWs zu waschen waren. Und Pütter fuhr.

Nun könnte jemand sagen: »Ja, das war nach dem Krieg! Das war ja auch eine ganz andere Zeit, da haben andere noch viel verrücktere Sachen machen müssen.« Vielleicht denkst Du: Zum Glück kann das heute keiner mehr verlangen, das wäre unmöglich. Doch das sind nur Ausflüchte. Diese Geschichte könnte auch heute jeden Tag passieren. Es müssen nur zwei Fakten zusammentreffen: zum einen ein Mensch, der sich begeistern läßt und in dem das Zeug für einen langen Weg steckt, und zum anderen ein Mensch, der begeistern kann, der dieses Talent entdeckt und bereit ist, es zu fördern.

Es ist auch klar, daß keineswegs derjenige automatisch Karriere machen wird, der Weihnachten LKWs wäscht.

Klaus Pütter ist heute Senior-Vice-President der Coca-Cola Company im amerikanischen Atlanta und Group-President für Europa und Afrika.

Beklage Dich also nicht, wenn Dein vorgesetzter Manager gerade zu Dir besonders hart ist. Bist Du hingegen ein erfahrener Unternehmer, dann fordere, wenn Du fördern willst. So wie der *Sensei* (Meister) gerade den Schwertkampfschüler besonders hart angeht, den er besonders liebt.

Den Griff loslassen

Daß man den Griff, das heißt den Schwertgriff, losläßt, dafür gibt es verschiedene Gründe. So kann man ohne das Schwert gewinnen wol-

len, oder aber man verzichtet auf den Sieg trotz des Langschwerts, das
man besitzt.

Was diese Technik genau bedeutet, ist schwer mit Worten zu be-
schreiben. Dazu gehört, daß Du Erfahrung hast.

Es gibt immer wieder Augenblicke und Situationen, da ist es richtig
und auch notwendig, den Griff des Schwertes loszulassen. Es ist nicht
alles einen Kampf wert, und nicht jeder Sieg ist allein über einen
Kampf zu erreichen. Es gibt »Siege«, die sind nichts als überflüssig,
und es gibt Siege, die sich zu fürchterlichen Niederlagen entwickeln
können, während es aber auch Niederlagen gibt, die in sich den Lohn
des Sieges tragen.

Niemand hat die Kraft, jeden sich bietenden Kampf – und deren
gibt es viele – aufzunehmen. Du hast nicht die Kraft, jeden nur denkbaren Gegner zu schlagen. Wenn das Dein Ehrgeiz ist, dann bist Du
jetzt schon auf der Verliererstraße.

Auch ein sehr großes Unternehmen, ja selbst ein Multi muß erkennen können, daß nicht jede Schlacht geführt werden muß, daß nicht
jeder andere Unternehmer, nur weil er Konkurrent ist, auch auf der
Stelle und endgültig besiegt werden muß.

Das steht hier nicht im Widerspruch zu dem vorher Geschriebe-
nen. Wenn Du wirklich auf dem Weg des Kriegers Deine Chance zur
Vervollkommnung suchst, dann gehörten selbstverständlich Dein
Streben nach Erfolg und nach Siegen dazu. Doch nicht im Sinne von
wildem Umsichschlagen, sondern im Sinne von Voranschreiten. Doch
erinnere Dich: Es gehören auch die Kenntnis um den Verlust, die Erfahrung der Niederlage dazu. Wenn Du zu den Managern gehörst, die
keine Niederlage kennen (warte ab, sie kommt!) oder die keine Niederlage ertragen können, dann mußt Du Deinen Standpunkt schnell
und gründlich überprüfen.

Wenn Du wirklich Karriere machen willst – und ich halte das für
ein gutes und ehrliches Ziel –, dann mußt Du lernen, den Griff
loszulassen! Tue es, bevor Dich Deine Familie, Deine Freunde oder
Dein Unternehmen loslassen!

Zum weiteren Studium lies noch einmal das Kapitel »Die Haltung
des Schwertes«, und studiere in jedem Fall sehr gründlich das »Buch
der Leere«.

Epilog zum Buch des Feuers

Was hier über die Schwertkunst und über das Management niedergeschrieben steht, ist nichts weiter als das, was mir sowohl beim Kendô als auch in der Ausübung meines Berufes von Mal zu Mal durch den Kopf ging. Daß es nicht in jedem Fall zu einer praktischen Erklärung gekommen ist, sieh mir bitte nach, und betrachte dieses Buch als geistigen Führer.

Jeder Tag, den Du in Deinem Beruf auslebst, eröffnet Dir eine weitere »Tür«, vergrößert Deine Faszination vom Management.

156

Das Buch des Windes

Im »Buch des Windes« setzt sich Musashi kritisch mit den anderen Schwertkampfschulen seiner Zeit auseinander. Diese Auseinandersetzung soll seinen Schülern helfen, sich dem richtigen Weg zu stellen. Der Wind hilft dabei, die Spreu vom Weizen zu trennen.

In einer Zusammenfassung werde ich Dir die Gedanken Musashis zu den anderen Schulen seiner Zeit vorstellen. Seine Hauptkritik setzt an dem Tatbestand an, daß sich seine Schwertkampfschule von allen anderen Schulen dadurch unterscheidet, daß sein Weg ein Weg zur Vervollkommnung ist, während alle anderen Schulen nur ein Mittel zum Lebensunterhalt sind. Wer sich nur auf die Handhabung des Schwertes konzentriert, kann niemals den wahren Sieg erringen.

Übertragen auf das Niveau des Managements könnte man sagen: Wer den Weg des Managers nicht aus innerer Überzeugung geht, nicht die Chance nutzt, sich in diesem Weg selber zu verwirklichen, wird über den Stand eines Technokraten, eines Verwalters oder eines Machtbenutzers nicht hinauskommen.

Die Benutzung des großen Langschwertes in anderen Schulen

Es gab Schulen, die die Ansicht vertraten, daß »jeder Zoll mehr Länge der Schwerthand Überlegenheit gibt«. Musashi lehnt den Streit über die möglichen positiven Wirkungen einer besonders ausgeprägten Schwertlänge mit der Begründung ab, daß es sich dabei um den Standpunkt von Feiglingen handelt. Jeder, der versucht, aus der Distanz zu siegen, offenbart nur die Schwäche seines Kampfgeistes.

Ähnliches ist auch im Verhalten schlecht ausgebildeter Manager zu erkennen, die sich beispielsweise eine Organisation aufbauen, die durch ihre Struktur die Aufgaben, Herausforderungen und Probleme auf eine übergroße Distanz hält. Und so wie der Feigling weder Sieg noch Niederlage erfahren wird, so wird auch ein so arbeitender Manager niemals ein wahres Problem wirklich lösen.

Ebensowenig läßt Musashi allein das Kurzschwert gelten. Er begründet seinen Standpunkt damit, daß er sagt: *Groß und klein gehören zusammen. Was ich verabscheue, ist die Vorstellung, es müsse unbedingt ein großes Langschwert sein. Auf die Schlacht angewandt, entspricht das große Langschwert einer großen Armee-Einheit und das Kurzschwert dem kleinen Trupp. Aber kommt es nicht auch vor, daß einige wenige gegen viele kämpfen und auch siegen?*

Es gibt Kampfplätze, etwa in Räumen, da kann man gar kein Langschwert benutzen. Andererseits ist es unsinnig, mit dem Kurzschwert allein eine ganze Armee anzugreifen – doch wenn man keine andere Waffe hat?

Es sind alle Mittel recht, um den Gegner zu überwinden. Das ist auch im Management richtig, weil allein immer die jeweilige Situation, die Aufgabe und die Stärke der Herausforderung die »Qualität« der eigenen Mittel vorschreiben. Das gilt es zu lernen.

Das »starke Langschwert« der anderen Schulen

Es gab Schulen, die die Meinung vertraten, man müsse ein besonders starkes, also kraftvolles Schwert führen. Darum legten diese also großen Wert auf körperliche Kraft und Fülle. Die Kritik Musashis richtet sich gegen den Umstand, daß Du bei einem starken Hieb und dem damit verbundenen heftigen Aufprall den eigenen Schwung verzögerst und somit zu spät zur nächsten Bewegung kommst.

Würden beide Kämpfer in der Schlacht auf Stärke setzen und so auch ihre Truppen zusammenstellen, dann käme es wohl zu einem

158

erbitterten Kampf, aber ein Sieg wäre ohne die richtigen Prinzipien nicht möglich.

Natürlich würde auch bei diesem Beispiel eine der beiden Armeen gewinnen – doch um welchen Preis! Das Gefecht gewonnen und fast alle Leute verloren! Und im Management? Die Schlacht gewonnen, etwa den Auftrag erhalten, aber um den Preis eines vorprogrammierten Verlustes! Der Sieg in Verhandlungen muß entsprechend den eigenen Absichten errungen werden. Das gebe ich Dir zu bedenken.

Die Verwendung des kürzeren Langschwertes in anderen Schulen

Musashi meint, wer das kürzere Schwert bevorzuge, der neige dazu, das Langschwert des Gegners unterlaufen zu wollen, der neige vor allem dazu, auf eine momentane Unaufmerksamkeit des Gegners zu warten, zu hoffen. Am Ende kommt dann ein Kampfstil heraus, bei dem nur noch der Hieb des Gegners abgewehrt wird, bei dem Du den Angriffen ausweichst und nicht mehr die Chance des Sieges siehst. Letzlich bleibt dann nur noch, daß Du Dich zurückziehst, Dich bückst und windest, um eventuell doch noch eine Schwäche nutzen zu können. Doch in Wahrheit kann Dein Gegner mit Dir machen, was er will!

Besonders ängstliche, sich unterlegen fühlende Manager neigen dazu, sich zu winden, sich dem Hieb des Gegners zu entziehen. Solange diese nicht den geraden Weg anerkennen, werden sie auch nie die Chance für einen wirklichen Sieg haben; sie sind lästig.

Die vielfältigen Langschwerttechniken der anderen Schulen

Damals gab es auch Schulen, die ihren Schülern eine Vielzahl von »Tricks« versprachen. Doch Musashi vertritt den Standpunkt, alle diese Tricks und kleinen Techniken hielten vom wahren Weg des Schwertes ab, weil man gezwungen sei, sich selber zu winden, zu drehen, Sprünge zu machen und alle möglichen Verrenkungen durchzuführen, anstatt den Gegner dazu zu zwingen.

159

Wenn Du einen »Trickser« kennst, dann kannst Du selber die Beobachtung machen, daß sich der »Trickser« immer winden muß, immer derjenige ist, der die größten Verrenkungen machen muß, um einen vermeintlichen Sieg zu erringen. Die beste Waffe gegen »Trickser« ist, selber innerlich und äußerlich gerade dem eigenen Ziel zu folgen. Dann muß sich der andere drehen und winden. Ist er dann in seinem Innersten genug »gekrümmt« und hat er sich in seinen eigenen Absichten verstrickt, dann schlage zu und siege! Das gilt es zu üben.

Die Schwerthaltung in anderen Schulen

Musashi legt in diesem Abschnitt erneut dar, daß er im Grunde jede »Haltung« für sinnlos erachtet, weil es seiner Meinung nach »Haltung« nur so lange gibt, wie kein Gegner da ist. Für verabscheuungswürdig hält er darüber hinaus jede »Haltung«, die allein auf Abwehr ausgerichtet ist.

So gibt es auch Manager, die mit großartigen Absichtserklärungen durch die Welt laufen, wie sie sich in diesem oder in jenem Fall verhalten werden. Dabei ist das Unsinn. Es gibt nur zwei Möglichkeiten des Gefechtes: Du greifst an, oder Du wirst angegriffen. Zwischen beidem herrscht ein riesengroßer Unterschied. Du wirst dabei folgende Feststellung machen können: Wirst Du angegriffen, dann neigt man schnell dazu, bestes Kampfgerät zur Verteidigung einzusetzen – was keineswegs den Sieg sichert. Führt man hingegen selber den Angriff, dann können sogar noch aus den geringsten Dingen vorteilhafte Waffen entstehen.

Übertragen bedeutet das etwa Folgendes: Wirst Du angegriffen, könnte es sein, daß Du zur Verteidigung Deiner Position den Preis Deines Produktes oder Deiner Dienstleistung einsetzt, was in jedem Fall immer bedauerlich ist, denn dieses verlorene Terrain ist schwer zurückzugewinnen. Anders verhält es sich, wenn Du angreifst, also anbietest: Jetzt kann sogar eine Kleinigkeit, eine scheinbare Nebensächlichkeit von besonderem Nutzen für den Kunden sein und sich vielleicht sogar zum USP (*unique selling proposition*, dem einzigartigen verkaufenden Anspruch) entwickeln.

160

Studiere in jedem Fall noch einmal den Abschnitt »Die Haltung der Nicht-Haltung«.

Die Ausrichtung des Blickes in anderen Schulen

Die Bedeutung des Blickes ist an anderer Stelle schon gründlich beschrieben worden. Musashi ergänzt in diesem Abschnitt nur folgende Gedanken: *Auch in der Schlacht soll man den Blick auf die wahre, die innere Stärke des Gegners richten. Der »durchdringende« Blick bedeutet völlige Konzentration auf den Geist des Gegners. Mit dem »durchdringenden« Blick erkennt man den Zustand des Schlachtfeldes, durchschaut den Fortgang der Schlacht und bemerkt den Verlust eines Vorteiles oder einen schwachen Punkt im Schlachtgetümmel. Der »durchdringende« Blick ist allumfassend und durch nichts abzulenken.*

Zur Ergänzung sei hier auf das Bild des Jongleurs hingewiesen, der seine meisterhafte Kunst vorträgt, ohne auf den einzelnen Gegenstand zu achten, sondern an die Situation gewöhnt ist und darum alles natürlich und wie von selbst sieht. Erfahrene Manager erkennen in Verhandlungen ebenfalls den Verlust eines Vorteils, den Verlauf der Verhandlungsschlacht und sehen durchaus jeden schwachen Punkt im Getümmel.

Der »durchdringende« Blick kostet viel Kraft und muß von Dir darum intensiv geübt werden.

Der Gebrauch der Füße in anderen Schulen

Es ist naheliegend, daß man damals wohl versucht hat, dem Gebrauch der Füße eine besondere Bedeutung beizumessen. Schließlich machen die schwere Rüstung und auch der Kampf solche Überlegungen zwangsläufig notwendig. Doch Musashi meint, das ganze Empfehlen und Diskutieren über das Schweben, das Hüpfen, Springen, Stampfen oder Trippeln sei alles Unsinn. Es käme schließlich nur darauf an, im Gefecht so zu laufen, wie man sich sonst auch bewegen würde – der Situation angepaßt.

Er gibt dann noch den Hinweis, daß die eigenen Schritte nie in Unordnung, nie aus dem Rhythmus geraten sollen. Das bedeutet für Deine praktische Arbeit ganz konkret: Haste nicht auf die letzte Minute in eine Verhandlung oder in ein Verkaufsgespräch, weil dann Deine Gedanken nicht klar und geordnet sein können! Sei Dir in diesem Punkt Deiner Wirkung bewußt und achte bei Deinen Gesprächspartnern auf deren Rhythmus! Das gilt es zu üben.

Die Geschwindigkeit in anderen Schulen

Ein Meister erscheint nie schnell in seinen Bewegungen. Auf diesem Satz baut sich bei Musashi noch einmal der Hinweis auf, nicht zu schnell oder gar zu langsam in ein Gefecht zu gehen.

Du weißt selber, daß es erfahrene Wanderer gibt, die geradezu stoisch marschieren, weder aus dem Rhythmus geraten noch ins Schwitzen kommen, während ungeübte Wanderer mit geringer Leistung dann den Eindruck vermitteln, als wären sie den ganzen Tag gerannt.

Im Berufsleben gilt das gleiche. An der gestellten Aufgabe zu arbeiten darf weder hastig noch unüberlegt geschehen. Aus der Gelassenheit des Meisters erfolgt das Tempo. Laß Dich niemals vom Tempo Deines Gegners mitreißen! Diese Haltung ist fleißig zu üben!

Die »Tiefe« und die »Oberfläche« in anderen Schulen

Es war zur Zeit Musashis teilweise üblich, bestimmte Lerninhalte der jeweiligen Schwertkampfschule geheimzuhalten. Manche Schulen blockierten ihr Wissen durch Gesetze oder Schwüre nach außen ab. Musashi sagt hier eindeutig, es sei unsinnig, etwas zurückhalten zu wollen, da die Gesetze der Meisterschaft sich nur durch Erreichen der Meisterschaft eröffneten. Wer sie so, also ohne eigenes Dazutun, erfährt, könne ohnehin nichts mit ihnen anfangen.

Auch der Manager kann, egal in welcher Position oder Funktion er arbeitet, an der »Oberfläche« bleiben und wird darum niemals den wahren Sinn dieser Aufgabe erfahren. Da wird auch das Lesen dieses

162

Buches nicht helfen. Doch er kann ebenso in die »Tiefe« eindringen und wird dann zwangsläufig mit Erfolg den Weg finden. Der »Weg des Schwertes« erzieht Manager und läßt sie die »Tiefe« erkennen, damit ihre Seele stark und unerschütterlich wird.

Das schnelle Tempo des Kampfes läßt das Bild verschwimmen.

Epilog zum Buch des Windes

Alles, was ein Mensch lernt, kann sehr nützlich sein, wenn es auf einen entsprechenden Boden fällt. Doch der »Boden für den Weg« muß da sein. Hierin liegt eine besondere Schwäche unserer jüngsten Zeit und Geschichte. Zu vielen Menschen ist die Illusion verkauft worden, es bedürfe nur eines guten Saatgutes, um eine ertragreiche Ernte zu erhalten. Das ist falsch! Zuerst wird ein guter Boden gebraucht. Wenn der nicht vorhanden ist, dann muß eben der Versuch gemacht werden, den Boden zu kultivieren. Ist das auch nicht möglich, dann kann eben auf diesen Boden eine Saat nicht eingebracht bzw. darf ein besonderer Ertrag nicht erwartet werden.

Ein besonderer Glücksumstand in unserer Gesellschaft ist, daß es keine Stände mehr gibt. Unsere Gesellschaft ist offen für Karrieren, für eigene Ziele und für Veränderung. Allerdings wird diese Offenheit nicht nur kreativ genutzt, sondern auch durch das Streben nach Gleichheit systematisch eingeschränkt. C. P. Seibt beschreibt diesen Umstand mit folgendem Zitat: »Die Forderung nach allgemeiner oft auftretenden Gleichheit ist zu häufig die Aufforderung zur allgemeinen Durchschnittlichkeit. Es soll nicht unbedingt allen besser gehen, es soll nur keinem besser gehen als allen. Darin liegt natürlich eine besondere Tragik.«

An einem Bild will ich die Situation deutlich machen: Die Alpen, für jedermann zu sehen, entstehen aus einer »Doppelwirkung«. Jeder Berg produziert zwangsläufig ein Tal. Ein Tal wiederum kann nur durch die umliegenden Berge entstehen. Das Streben nach Gleichheit läuft darauf hinaus, daß man den Berg nicht mehr in seiner Höhe akzeptiert und das Tal bedauert. Die Konsequenz: Der Berg wird in das Tal gekippt. Tatsächlich verschwinden dann beide: Die Bergspitze füllt das Tal auf. Nun sind zwar die Alpen weg und damit auch der einmalige Reiz, aber es gibt keine »Ungleichheit« mehr, es ist allenfalls noch ein Hochplateau zu bewundern!

164

Manager und Unternehmer brauchen aber die Ungleichheit, schließlich übernehmen sie auch die Pflicht zur Ungleichheit! Aus dem kreativen Spannungsfeld der Ungleichheit kann etwas entstehen, das für jeden einzelnen Menschen genauso nützlich ist wie für eine ganze Gesellschaft: die Bereitschaft, die Motivation und die Fähigkeit, besser mit Krisen, insbesondere mit Strukturkrisen fertigzuwerden. Ich setze Gleichheit mit Spannungslosigkeit, somit mit Statik und Tod gleich. Allein im Spannungsfeld der Ungleichheit kann Dynamik und Leben entstehen, besteht die Chance, Änderungen und Wandlungen zu ermöglichen. Erst aus ihr heraus kann sie anerkannt werden, können kreative, gestalterische Prozesse entstehen.

Aus diesem Betrachtungswinkel heraus ergibt sich in Fortsetzung der Gedanken das »Anforderungsprofil« an einen Manager, das sich in sechs Punkten zusammenfassen läßt und in sich die Antwort auf die Frage trägt: Warum gibt es eigentlich Manager?

○ Weil es immer mindestens ein Problem gibt, das gelöst werden will.

Wer hingegen Probleme, besser: Herausforderungen nicht annimmt, sondern sich ihnen durch Wegsehen, Verniedlichen oder durch Inkompetenz verweigert, ist kein Manager.

○ Weil es in jeder Herausforderung eine Chance gibt, die einen Gewinn verspricht.

Wer allerdings Chancen nicht sieht, kann keine Zukunft denken, hat letztlich Angst vor dem, was kommt, denkt rückwärtsgewandt und ist darum zum Manager nicht geeignet.

○ Weil in der Problemlösung genauso wie in der Chance ein Risiko steckt, das eingegangen werden will.

Wer Risiken nicht sieht, ist entweder ein Hasadeur – dann sollte er gemieden werden – oder hat Angst vor dem Risiko. Er besitzt somit dieselbe Qualifikation wie der Manager, der Chancen nicht erkennen will.

○ Weil das alles nicht gegen, sondern nur mit Menschen realisiert werden kann.

Wer Menschen als potentielle Gegner betrachtet, wird nie auf den Gedanken kommen, nach den gemeinsamen nutzbaren

Interessen zu fragen. Er wird darum immer als Manager scheitern.

o Weil es bei der Realisierung zu Konflikten kommen kann, die
durch den Manager zu bewältigen sind.
Wer Konflikten aus dem Weg geht, sie unter den Teppich
kehrt, versäumt die Chance, die potentielle Energie in einem
Konflikt für das vorher vereinbarte Ziel kreativ zu nutzen. Er
ist darum kein Manager.

o Weil für das alles ein Machtpotential zur Verfügung steht, das
gezielt eingesetzt werden will.
Wer Macht mißbraucht, ist entweder zu jung, zu unerfahren
oder charakterlos. Wer nicht mehr lernfähig ist, also auch den
Umgang mit der Macht nicht mehr erlernen kann, ist zum
Manager nicht qualifiziert! Manager haben selbständig den
Mißbrauch der Macht zu verhindern. Dafür gibt es zwei Gründe: Nach Machiavelli wird »der Fürst, der seine Macht nicht
weise anwendet, diese zuverlässig verlieren«. Selbsternannte
Kontrollgremien oder Gegenpole der Macht sind untauglich,
weil entweder reaktionär oder korrupt!

Das ist die überprüfbare Summe dessen, was den Grundstock
eines Managers ausmacht. Dieser Grundstock ist notwendig,
weil der Manager im Wandel der Krisen lebt. Er stellt sich der
Beobachtung, daß »alles fließt«, anerkennt den Grundsatz, daß
Nichtbewegung immer gleichzusetzen ist mit Tod, hingegen in
der Auseinandersetzung das Leben liegt, wenn auch häufig über
den Konflikt und allein über die Veränderung.

Wer mit Krisen umgehen will, so als wären sie ausschließlich
positive Chancen, wer ohne Angst um sich mit diesen Krisen
arbeiten will, der muß über ein großes Selbstvertrauen verfügen.
Dieses »In-sich-selber-vertrauen-Können« kann erlernt, geschult
und anerzogen werden. Im Weg des Schwertes sind die Elemente
allesamt vorhanden, werden geschult und anerzogen und sind
letztlich als zuverlässige Information, als zuverlässiges Verhalten in schwierigen Lagen garantiert. Die Gesellschaft und die
Wirtschaft haben ein Recht darauf, sich auf das Verhalten ihrer
Manager verlassen zu können.

Das Buch der Leere

In diesem »Buch der Leere« lege ich den Weg der Nitô-ichiryû-Schwert-kunst nieder.

Die Leere ist das, in dem nichts existiert; sie ist das, was Menschen zu wissen unmöglich ist. Allerdings – die Leere ist das Nichts. Indem Du aber das Existierende erkennst, wirst Du auch fähig werden, das Nicht-Existierende zu erkennen. Das Nicht-Existierende – das ist die Leere.

Die Menschen in dieser Welt sind der Ansicht, wenn sie etwas nicht begreifen können, sei dies die Leere. Das ist nicht die wahre Leere. Das ist nichts als Täuschung.

Auf dem Weg der Schwertkunst gibt es diejenigen, die, weil sie als Samurai die Samurai-Art nicht erfassen, vielerlei Täuschungen ausge-setzt sind und das ihnen nicht Begreifbare als die Leere bezeichnen. Doch dies ist ebenfalls nicht die Leere im eigentlichen Sinne.

Als Samurai den Weg der Schwertkunst genau zu erfassen, sich die verschiedenen Techniken anzueignen, hinsichtlich des Berufs als Sa-murai nichts außer acht zu lassen, das Herz klar zu erhalten, sich täglich und stündlich der Ausbildung zu befleißigen, Weisheit und Kraft des Geistes zu schärfen, sich Urteilskraft und Wachsamkeit anzuerziehen, um mit alledem jegliche Täuschung fortzuwischen – dies erst versetzt Dich in einen Zustand, der als die wahre Leere bezeichnet werden kann.

Solange Du nicht zum wahren Weg erleuchtet bist, ob es nun der Weg Buddhas ist oder der Weg irdischer Vernunft, wirst Du von Dir aus

167

glauben, die Dinge seien richtig und gut. Betrachtest Du sie aber mit unverfälschtem Sinn und mißt Du sie mit der Elle der wahren Welt, so erkennst Du, daß ein jeder unterschiedliche Ansichten und Lehren hat, die vom wahren Weg abweichen. Begreife meine Lehre, halte Dich an die Geradheit, nimm die Wahrheit zur Richtschnur, und verbreite so den Weg der Schwertkunst unter den Menschen, auf daß sie aufrecht, klar und mit dem richtigen Urteil über die Dinge leben.

Dann wirst Du dahin kommen, daß Du die Dinge klar und deutlich begreifst und erkennst: Die Leere, das ist der Weg, und der Weg, das ist die Leere.

Die Leere hat Gutes, nicht Böses. Es gibt Weisheit, Verstand und den Weg, und es gibt die Leere.

Am zwölften Tage des fünften Monats im zweiten Jahr der Ära Shôhô (1645).

Für Terao Magonojo   *Shinmen Musashi*

Mit dem Buch der Leere enden die Aufzeichnungen des Samurai Miyamoto Musashi. Bevor ich den Versuch wage, diesen Schlußtext zu interpretieren, möchte ich eine weitere Geschichte »dazwischenschalten«, um Dein Verständnis für die Leere zu erreichen.

Karlfried Graf Dürkheim veröffentlicht in dem Buch »Wunderbare Katze« einen Text des Zen-Meisters Ito Tenzaa Chuya mit dem Titel »Die wunderbare Kunst einer Katze«. Graf Dürkheim berichtet, er habe diesen Text von seinem Zen-Lehrer Takeharu Teramoto erhalten, den dieser von seinem Meister erhalten habe, dem Meister einer Fechtschule, die bis in das 17. Jahrhundert zurückgeht. Bei diesem Text handelt es sich um die geheime Übungsanweisung dieser Schule zum Schwertfechten.

Die wunderbare Kunst einer Katze hat etwa folgenden Inhalt: Im Hause des Fechtmeisters Shoken trieb eine große Ratte ihr Unwesen, die selbst am hellichten Tag zu sehen war. Shoken will erst durch seine eigene Katze diese Ratte fangen lassen. Doch die Ratte beißt die Katze! Auch ihm selber gelingt es nicht, die Ratte mit dem Schwert zu erwischen, ganz im Gegenteil, auch er wird von ihr gebissen und bei der folgenden Jagd zerstört er sogar Teile seines Hauses, doch alles ohne Erfolg.

168

Shoken ließ dann tüchtige Katzen aus der Nachbarschaft in das Zimmer mit der Ratte, doch auch diese waren nicht in der Lage, die Ratte zu fangen. Daraufhin schickte Shoken seinen Diener in ein Nachbardorf, um von dort eine Katze zu holen, die als ausgesprochen tüchtig galt. Diese Katze sah weder besonders mutig noch besonders schlau aus, und Shoken traute ihr auch nichts Besonderes zu, ließ sie aber doch in das Zimmer mit der Ratte. Die Katze hatte Erfolg: Ganz ruhig und langsam ging die Katze hinein, so als erwarte sie gar nichts Besonderes. Aber die Ratte fuhr zusammen und rührte sich nicht. Und die Katze ging ganz einfach und langsam auf sie zu und brachte sie im Maul heraus.

Die erfolglosen Katzen unterhalten sich am Abend nun mit der alten, unscheinbaren Katze, die sie als Meister erkannt hatten, über ihre verschiedenen Ansichten, wie man eine Ratte fängt.

Zunächst berichtet eine schwarze Katze: Ich komme aus einem Haus mit langer Rattenfangtradition und habe mich seit frühester Kindheit in akrobatischen Künsten geübt. So kann ich über zwei Meter hohe Wandschirme springen und mich durch ein kleines Rattenloch quetschen. Selbst wenn ich aufwache, noch im Halbschlaf bin, bin ich schnell genug, um eine Ratte auf dem Balken zu erwischen. Doch diese war stärker.

Dieser Katze antwortet die Meisterkatze: Du hast dich nur in Techniken geübt. Dein Geist ist besetzt mit der Frage: Wie gewinnen? Du haftest noch zu sehr an Zielen. Wenn die Alten Technik lehrten, dann, um damit eine Weise des Weges zu zeigen. Ihre Technik war einfach, beschloß jedoch die höchste Wahrheit in sich.

Dann berichtet eine Katze im Tigerfell: In der Ritterkunst kommt es, so meine ich, nur auf den Geist an. Und so habe ich mich daher seit jeher in dieser Kraft geübt. Sehe ich den Feind, schon schlägt dieser allgegenwärtige Geist ihn in den Bann, und ich gewinne den Sieg schon im voraus. Um die Technik als solche kümmere ich mich nicht. Die kommt von selber. Eine Ratte, die über den Balken läuft, starre ich nur an, und schon fällt sie herunter und ist mein. Aber diese Ratte kommt ohne Gestalt und geht ohne Spur. Was ist das?

Ihr antwortet die Meisterkatze: Worum du dich da bemüht hast, ist wohl das Wirken, das aus der großen Kraft kommt, die Himmel und Erde erfüllt. Aber was du gewonnen hast, ist doch nur eine psychische

Kraft und nichts vom Guten! Allein schon die Tatsache, daß du dir der Kraft, mit der du siegen willst, bewußt bist, wirkt dem Siege entgegen. Dein Ich ist im Spiel. Wenn das des anderen aber stärker ist als das deine, was dann? In deinem Fall gilt ganz besonders das Sprichwort: Eine Ratte in der Klemme beißt auch die Katze!

Nun rückt eine ältere graue Katze langsam heran und sagt: Ja, es ist wirklich, wie ihr sagt. Ich schlage mich nicht mehr herum (wie die erste Katze), und ich übe keine Kraft aus, die den anderen geistig überwältigt (wie die zweite Katze), denn ich habe meine Seele geübt. So ist es mir möglich, mich mit dem anderen zu versöhnen und mit dem Gegenüber eins zu werden. Ich widersetze mich überhaupt nicht. Ist der andere stärker als ich, so gebe ich einfach nach und bin ihm gleichsam zu Willen. Der andere findet nichts, worauf er sich stürzen könnte, nichts, wo er ansetzen könnte, wenn er mich angreift.

Ihr antwortet die Meisterkatze: Was du Versöhnlichkeit nennst, kommt nicht aus dem Wesen, aus der großen Natur. Es ist eine gemachte, künstliche Versöhnung, ein Kniff. Bewußt willst du damit dem Angriffsgeist deines Feindes entgehen. Weil du aber daran denkst, erkennt er deine Absicht. Gibst du dich aber in solcher Geistesverfassung »versöhnlich«, so kommt dein dem Angriff zugewandter Geist nur durcheinander, wird getrübt, und dein Wahrnehmen wird unscharf und dein Handeln nur gestört.

Die alte Meisterkatze erläutert nun den Umstand, daß die Ansätze der drei Katzen nicht grundsätzlich falsch seien. Es müsse allerdings die Kraft des großen Geistes fehlen, weil das Ich-Denken bei allen drei Katzen noch dominant sei. Doch dann berichtet sie von Erstaunlichem: Ihr müßt nicht glauben, daß das, was ich euch hier sage, das Höchste ist. Es ist nicht lange her, da lebte in meinem Nachbardorf ein Kater. Der schlief den ganzen Tag. Irgend etwas, das nach geistiger Kraft aussah, war nicht an ihm zu bemerken. Er lag da wie ein Stück Holz. Niemand hatte ihn je eine Ratte fangen sehen. Aber wo er war, gab es auch ringsherum keine Ratten! Wo der Kater auch immer auftauchte oder sich niederließ, ließ sich keine Ratte sehen.

Und nun zu diesem Buch und zu Dir. Wenn es überhaupt ein Ziel auf dem Weg des Kriegers, dem *Heihô*, auf dem Weg des Schwertes geben kann, dann ist es der: Nachdem Du ausgiebig alle Techniken des Schwertes studiert und beständig geübt hast, wenn Du ein Meister des Schwertes geworden bist, dann wird aus Deinem Schwert das Nicht-Schwert.

So wie der junge und unerfahrene Manager am Anfang seines Weges Techniken trainiert und studiert und versucht, ein Meister im Führen von Menschen zu werden und dabei auch seine Macht(möglichkeiten) einzusetzen lernt, so kommt der Tag, wo er zur Nicht-Macht kommt, wo es nicht mehr notwendig ist, Ziele durch die Ausübung der Macht erreichen zu wollen.

So wie der wahre Krieger, wenn er die Meisterschaft erreicht hat, auf das Gefecht verzichtet, weil es keine Notwendigkeit mehr dafür gibt, denn aus Zielen werden Wege und aus Gewinnen werden Früchte, so wird der wahre Manager als Meister der Führung auf den Einsatz von Macht und Techniken völlig verzichten können, weil es nicht mehr notwendig ist.

Jedermann weiß um Deine Meisterschaft.

Nach dem Gefecht

Es ist gute Tradition im Kendô, daß sich nach dem Gefecht alle Kämpfer noch einmal »in sich« versammeln. In der Position des Kniens, mit dem Gesäß auf den Fersen, die Hände im Schoß in Harmonie gehalten, mit aufrechtem Kreuz und gesenktem Blick denken alle über das Geschehene nach.

Der Gewinner bedenkt die Umstände, warum er siegen konnte. Er erfüllt diese Selbstverpflichtung, um nicht hochmütig zu werden. Der Verlierer sucht nach den Lehren aus seiner Niederlage. Er nimmt die erteilte Lektion an, um ohne Groll das Dojô zu verlassen. Beide haben nur dann die Chance, aus dem Erfahrenen nützliche Erkenntnisse zu ziehen, die der weiteren Entwicklung dienen können, wenn der Sieg nicht als Bestätigung eines Standpunktes und die Niederlage nicht als Rechtfertigung fehlender Fähigkeiten mißbraucht wird.

Mit einem respektvollen »Rei« ist das Gefecht beendet, und man bedankt sich.

Es ist jetzt bei mir der Zeitpunkt gekommen, um Danke zu sagen. Zunächst möchte ich mich bei Dir bedanken, daß Du dieses Buch gelesen hast!

Doch dann gilt mein Dank an erster Stelle Alfred Hennemann, 4. Dan Kendô, der mir den Weg des Schwertes wies und mich in Kendô unterrichtete. Für den ersten Impuls in diese Richtung danke ich Wolfgang Demski, 5. Dan Kendô, der meinen Gedanken und dem

Vorhaben der Interpretation mit fördernder Skepsis begegnete. Danken will ich auch gerne jedem einzelnen Kendôjin, denen ich in Dojôs begegnet bin und die mir alle halfen, Musashi zu verstehen.

Den Weg zum Management zeigten mir Heinz G. Tiesler und Alfons A. Jacob, die die Initialzündung für meine berufliche Entwicklung gaben.

Ein herzliches Dankeschön gilt allen Trainern, von denen ich lernen durfte, und gilt allen Kunden, die mir durch ihre Aufträge und ihr damit verbundenes Vertrauen zu einem großartigen Erfahrungsschatz in den Bereichen Marketing und Management verhalfen.

Doch mein tiefster Dank gilt den Menschen, die auch dann an mich glaubten, wenn ich einmal zweifelte.

»Rei!«

Literaturübersicht

Die folgenden Bücher wurden bei diesem Buch direkt oder auch indirekt als Quellen zusätzlicher Information verwendet. Sie sind gleichzeitig eine nützliche Orientierung für denjenigen, der sich in das gesamte Thema tiefer einlassen will.

MIYAMOTO MUSASHI, *Das Buch der fünf Ringe*, Düsseldorf 1983

KŌTARŌ ŌSHIMA, *Kendo: Lehrbuch des japanischen Schwertkampfes*, Berlin 1983

JUNZŌ SASAMORI, *Das ist Kendo*, Berlin 1982

EIJI YOSHIKAWA, *Musashi*, München 1984

KENICHI OHMAE, *Macht der Triade*, Wiesbaden 1985

KARLFRIED GRAF DÜRKHEIM, *Wunderbare Katze und andere Zen-Texte*, Bern/ München 1964

KARLFRIED GRAF DÜRKHEIM, *Zen und wir*, Frankfurt 1974

EUGEN HERRIGEL, *Zen in der Kunst des Bogenschießens*, Bern/München 1984

REINHARD KAMMER, *Zen in der Kunst das Schwert zu führen*, o. O. und o. J.

HELMUT ERLINGHAGEN, *Japan, eine Landeskunde*, München 1979

TATSUO OGURO, *Ihr Deutschen – wir Japaner*, Düsseldorf 1984

MITSUE DE LA TROBE/INGA STREB, *Alltag in Japan*, Düsseldorf 1985

KUNO MAUER, *Die Samurai*, Düsseldorf 1981

GERD AMMELBURG, *Die Unternehmens-Zukunft*, Freiburg 1985

CARLOS CASTANEDA, *Reise nach Ixtlan*, Frankfurt 1976

THOMAS GORDON, *Managerkonferenz*, Hamburg 1979

RUPERT LAY, *Ethik in Wirtschaft und Politik*, München 1983

SAMY MOLCHO, *Körpersprache*, München 1984

GERHARD DAMBMANN, *Gebrauchsanweisung für Japan*, München 1981

PETER ENGEL, *Japanische Organisationsprinzipien*, Zürich 1981

WOLFGANG K. A. DISCH (Hrsg.), *Wundersame Welt der Markenartikel*, MARKETING JOURNAL, Hamburg 1982

PHILIP KOTLER, *Marketing Management*, Stuttgart 1974

Heribert Meffert, *Marketing-Einführung in die Absatzpolitik*, Wiesbaden 1980

Thomas J. Peters, Robert H. Watermann jun., *Auf der Suche nach Spitzenleistungen*, Landsberg 1983

Michael E. Porter, *Wettbewerbsstrategie*, Frankfurt 1983

Friedrich Holz, *Methoden fairer und unfairer Verhandlungsführung*, Kissing 1981

William J. Reddin, *Das 3-D-Programm*, München 1977

Michael Grundmann, *Die Niederlage ist ein Sieg*, Düsseldorf 1983

Lorenz Stucki, *Japans Herzen denken anders*, Bern 1978

George S. Odiorne, *Arbeits- und Führungstechnik des Chefs*, München 1968

Peter Linnert, *Clausewitz für Manager*, München 1971

Hans-Georg Lettau, *Strategisch planen – mehr erreichen*, Marketing Journal 4/1983

Geo-Spezial »*Japan*«, Hamburg 1985

Richard T. Pascale, *Zen und die Kunst des Managements*, Hamburg 1979

C. P. Seibt, *Elite in Unternehmen*, gdimpuls, 2/1983

Unzählige Mosaiksteinchen an Informationen lieferten folgende Zeitschriften und Periodika, die hier unbedingt erwähnt werden müssen: Manager Magazin, Hamburg; absatzwirtschaft, Düsseldorf; Management Wissen, München; Marketing Journal, Hamburg; Trend letter, Hamburg; gdimpuls, Rüschlikon.